HISTOIRE
DE LA DISPOSITION
ET
DES FORMES DIFFERENTES

Que les Chrétiens ont données à leurs Temples, depuis le Règne de Conſtantin le Grand, juſqu'à nous.

PAR M. LEROY, Hiſtoriographe de l'Académie Royale d'Architecture, & Membre de l'Inſtitut de Bologne.

A PARIS,
Chez DESAINT & SAILLANT, Libraires, rue Saint Jean de Beauvais.

M. DCC. LXIV.

AVEC PERMISSION.

HISTOIRE
DE LA DISPOSITION
ET
DES FORMES DIFFERENTES

QUE les Chrétiens ont données à leurs Temples, depuis le règne de Conſtantin le Grand, juſqu'à nous.

INTRODUCTION.

LE ſpectacle de l'Univers, la reconnoiſſance qu'inſpire à l'homme tout ce que la Nature infiniment variée, ſemble ne produire que pour lui, l'ont naturellement porté à honorer le Créateur. Livré même à l'Idolatrie la plus abſurde, il a élevé les Edifices ſacrés les plus ſuperbes, & les Temples dont il a couvert la Terre, ſont les preuves les plus frappantes de la hardieſſe & de l'élévation de ſon génie. Qui peut conſidérer en effet, ſans être frappé d'admiration comment cet être, ſi inférieur en grandeur & en force aux animaux qu'il dompte, cherchant d'abord comme eux dans les forêts, dans le creux des rochers, dans le ſein de la terre même, un abri contre les injures de l'air, eſt parvenu à élever des Edifices ſi vaſtes, monumens éclatans de ſon reſpect pour la Divinité?

Le Temple de Jupiter, à Thebes dans la Haute Egypte, avoit plus de quatorze cens pieds de long, trois cens cinquante de large, & trois mille cinq cens de tour; comme on le voit par l'étendue immenſe que couvre ſes ruines. Ses colonnes avoient ſept pieds de diamètre, & elles étoient formées, ainſi que les plafonds qu'elles ſoutenoient, par des blocs de Granit & de Marbre d'une grandeur prodigieuſe. Les Temples de Belus, de Salomon, de Jupiter à Athènes, du Soleil à Palmyre, renfermoient chacun dans les murs de leur enceinte plus d'étendue que n'en ont nos places les plus vaſtes. La Baſilique de Saint Pierre de Rome & la Colonade circulaire qui la précéde, nous offrent encore un exemple plus frapant de la grandeur des entrepriſes que l'homme eſt capable d'exécuter; elles ont enſemble ſeize cens pieds de longueur, & quatre mille de circuit.

Ces Temples les plus magnifiques qui ayent été élevés, comparables entr'eux par leur immenſité, ont cependant dans leur forme des variétés, qui bien obſervées, peuvent jetter quelques lumieres ſur les progrès des Arts, dont l'Hiſtoire forme une des parties la plus intéreſſante de celle de l'eſprit humain. Peu ſenſibles pendant le cours d'un petit nombre d'années, ſouvent ces variétés ne deviennent frappantes qu'après la révolution de quelques ſiècles: la Nature produit rarement de ces génies créateurs, aſſez hardis pour franchir la barriere que la coûtume & l'envie oppoſent ſans ceſſe aux penſées nouvelles les plus heureuſes.

Avant de faire voir par quelle ſucceſſion d'idées, les Chrétiens ſont parvenus à donner à leurs Temples la forme que nous leur voyons, jettons un coup d'œil ſur leur enſemble, comparons les avec ceux des anciens Peuples qui ſe ſont diſtingués particulierement dans l'Architecture.

Les Temples des Egyptiens n'offrent en général dans leur plan, comme on en peut juger par l'Ouvrage de Pococke, Voyageur Anglois, qu'un grand paralellograme diviſé dans l'intérieur par des quarrés, ou d'autres paralellogrames de différentes proportions. L'ignorance où ils étoient de la maniere de faire des voûtes, les empêcha peut-être d'en exécuter de circulaires. Plus verſés dans cet Art, mais moins éclairés que nous ne le ſommes, les Grecs & les Romains ne firent pas, ſi on en excepte le Pantheon à Rome, des Temples ronds très-conſidérables. Attachés avec une eſpece de reſpect à la forme ſimple & rectangulaire, qu'à l'imitation de leurs cabanes, ils avoient donnés aux premiers Temples qu'ils éleverent à leurs Divinités; ils s'efforcerent de la relever, par tout ce que l'Architecture peut étaler de magnificence. Ils décorerent les plus grands de ſuperbes colonnades intérieurement & extérieurement, ils les environnerent d'enceintes vaſtes, ornées auſſi de periſtiles: & ſi le corps du Temple n'avoit ni une grande étendue, ni une grande élévation, la décoration extérieure, parfaitement bien liée avec celle de l'intérieur, formoit un tout enſemble admirable.

Nos plus belles Egliſes, moins heureuſement diſpoſées à quelques égards, ont cependant auſſi des beautés que n'avoient pas ces Temples que les Payens s'honoroient d'avoir conſtruits. Les formes quarrées & les formes circulaires, employées preſque toujours ſéparément dans ces derniers, ſont réunies avec grace dans nos Baſiliques. Nous couvrons des Nefs qui ont quatre-vingt pieds de largeur, nous élevons à leur centre de réunion des Dômes d'un diametre bien plus conſidérable, & dont les voûtes ſemblent toucher aux nues : & nous éclairons avec un Art infini, toutes les parties de ces vaſtes édifices. Voyons par quels dégrés nous ſommes parvenus à cette hardieſſe de conſtruction, que nous n'admirons peut-être pas aſſez, & à laquelle les Anciens n'ont jamais atteint. Voyons comment cette conſtruction perfectionnée & embellie, peut rendre nos Egliſes ſupérieures à tous les Temples qu'on a élevés avant nous.

Le tableau que nous allons offrir, des changemens que la forme de nos Eglises a éprouvé, depuis la premiere, bâtie par Constantin le Grand, jusqu'à celle de Sainte Genevieve & de la Madeleine qu'on construit à Paris sous la protection du Roi, ne présentera que des descriptions générales & peu détaillées. Plus étendues, elles couperoient la chaîne que nous voulons suivre, & ne satisferoient pas encore les lecteurs, curieux de connoître à fonds ces monumens. Une figure, quelque petite qu'elle soit fait mieux connoître & plus promptement la disposition d'un édifice, que le discours le plus clair : c'est ce qui m'a déterminé à faire graver à la fin de cette Histoire, dans un ordre chronologique, & à peu près sur la même échelle, la suite de tous les Temples dont j'ai occasion de parler. Le nom gravé au-dessus du plan de chaque Edifice, nous éviteront la peine d'y renvoyer dans la suite de cet Ouvrage.

ARTICLE PREMIER.

De la disposition des Eglises, depuis leur origine, jusqu'à la renaissance des Arts en Italie.

LA facilité ou les obstacles que les différentes Religions ont trouvé à s'étendre dans leur origine, le zèle avec lequel des Princes puissans ou des Nations entieres les ont embrassées, ou les contradictions qu'elles ont éprouvées, paroissent les principales causes de la différence qu'on observe entre la capacité de l'intérieur des Edifices élevés au vrai Dieu, & celle des Temples consacrés aux fausses Divinités des Payens.

Les diverses Religions des Peuples qui ont brillé par leurs connoissances dans l'Architecture, s'établirent insensiblement & sans contradiction, au sein d'Etats florissants. Les sacrifices les plus solemnels se faisoient quelquefois en plein air, devant les Temples, au milieu des Villes, ou hors de leurs murailles à la vue de tous les Habitans. Il suffisoit souvent que l'intérieur de ces Temples contînt les Prêtres & les Images des Divinités qui y étoient révérées ; & les Peuples qui les élevoient, pouvoient, sans les faire extrêmement vastes, les décorer extérieurement avec la plus grande magnificence.

La Religion Chrétienne au contraire, qui devoit avec le tems triompher de toutes les autres, persécutée dans son origine, n'osa d'abord se montrer au grand jour. Peu d'hommes, à l'exemple des Apôtres, hasarderent leur vie pour publier la vérité, repoussée par la force & par les supplices. Les premiers Chrétiens cachés sous terre, dans ces catacombes lugubres qu'ils partageoient avec la mort, y célébroient en secret les Mystères de notre Religion. Tirés par Constantin le Grand de ces retraites affreuses, ils furent rassemblés par cet Empereur dans quelques-uns de ces édifices, appellés Basiliques par les Anciens, & où ils rendoient la Justice. A l'abri dans ces monumens spacieux, fermés & bien éclairés, (où ils célébroient nos Mysteres) des insultes qu'ils pouvoient craindre au milieu d'un peuple qui les avoit persécutés si longtems ; ils durent penser à se procurer les mêmes avantages dans les premiers Temples qu'ils construisirent. Et comme il étoit important que leur capacité ne fût pas bornée à contenir seulement les Prêtres qui les desservoient, ainsi que l'étoit celle de la plûpart des Temples des Payens, mais qu'il falloit encore qu'ils fussent assez grands pour contenir tous les Fideles qui étoient à Rome ; ils ne trouverent cet avantage que dans l'immensité de l'intérieur des Basiliques. Ils les imiterent donc dans la forme qu'ils donnerent à leurs Eglises ; & soit qu'ils ne crussent pas devoir changer le nom de ces Edifices qui leur avoient d'abord servi d'asyles, soit qu'ils ne crussent pas devoir désigner par un nom nouveau des Temples qui ressembloient si parfaitement par leur disposition, à ces Basiliques ; ils en donnerent le nom dans la suite aux Eglises qu'ils bâtirent, & les plus belles de celles qu'on voit à Rome le portent encore à présent.

De la premiere Eglise des Chrétiens, ou de l'ancienne Basilique de Saint Pierre.

Entre les différentes Eglises que les Chrétiens construisirent sur le modèle de ces Basiliques où l'on rendoit la Justice, la premiere fut bâtie à Rome l'an 326 de notre Ere (1) par Constantin le Grand. Cette Eglise, dédiée à S. Pierre, étoit située dans le même lieu où Anaclete, Disciple de cet Apôtre, lui avoit élevé sur sa tombe *une Mémoire*, petit monument qui, dans l'origine du Christianisme, suffisoit pour rappeller la piété des Fideles, mais qui ne méritoit pas cependant le nom d'Eglise. Ce Prince assez bien affermi dans son Empire pour faire peu de cas de ce que penseroient le Sénat & ceux de ces Sujets qui suivoient la Religion des Gentils, voulut donner par là une preuve éclatante de son zèle pour la Re-

(1) Voyez sur cette époque ce qui est dit dans les Mémoires Historiques de la Coupole de Saint Pierre, du Marquis de Poleny, pag. 8, 9 & 10 où cet Auteur paroit très-bien prouver que le Cardinal Baronius, Bonanny, Fontana & d'autres Auteurs ont eu tort de fixer la fondation de cette Eglise à l'an 324 : entre les divers argumens que M. le Marquis de Poleny employe, il s'appuie avec beaucoup de vraisemblance sur ce que ce fut l'an 326 que Constantin donna les preuves les plus fortes de son attachement au Christianisme.

ligion Chrétienne. On ne prit point pour modele dans cet édifice, la forme des Basiliques les plus ſimples, (telles que les exécuterent les anciens Romains) qui ne préſentoient dans leur plan qu'un quarré long, diviſé dans ſa largeur par deux files de colonnes en trois eſpaces. Pour répondre aux grandes vues de Conſtantin, on copia celles que l'accroiſſement de Rome avoit forcé d'augmenter conſidérablement, & qui offroient un intérieur très-vaſte & très-magnifique.

L'ancienne Egliſe de Saint Pierre étoit donc diviſée dans ſa longueur, préciſément comme ces derniers Edifices, par quatre files de colonnes qui formoient cinq eſpeces de promenoirs. Le plus grand qui occupoit le milieu, compoſoit la nef, les quatre inférieurs, les bas côtés. Ces Promenoirs dirigés du couchant au levant, alloient aboutir, vers le fond de l'édifice, à une ſeconde nef tranſverſale, qui s'étendoit du midi au ſeptentrion; & on avoit encore ouvert dans celui des côtés de cette nef qui étoit le plus reculé, une grande niche circulaire qui, avec les deux nefs qui ſe coupoient perpendiculairement, donnoit au plan de cette Egliſe, une forme de croix imparfaite.

Telle étoit la diſpoſition générale de ce premier Temple des Chrétiens, impoſant par ſa grandeur; il auroit été un des plus ſuperbes qu'on eût vu, ſi la beauté de ſa décoration avoit répondu à celle des matériaux dont il étoit formé. Plus de deux cens colomnes, entre leſquelles on en remarquoit douze de marbre de Candie, qu'on croit avoir ſervi au Temple de Salomon, ornoient ſon intérieur; on en comptoit quarante-huit dans les deux côtés de la nef, & quarante-quatre dans les bas côtés; le plafond qui portoit ſur les grands murs (percés de croiſées) qu'elles ſoutenoient, étoit compoſé de poutres recouvertes de bronze qui avoient été enlevés du Temple de Jupiter Capitolin.

Conſtantin qui avoit ordonné de conſtruire la Baſilique de Saint Pierre avec tant de magnificence, pendant qu'il célébroit à Rome la vingtiéme année de ſon règne, deſira encore qu'elle fût un témoignage autentique de ce qui avoit donné lieu à ſa converſion. Il voulut que ſon plan repréſentât une croix, en l'honneur de cette Croix merveilleuſe qu'il vit en l'air lorqu'il vainquit Maxence. L'idée heureuſe qu'avoit eue ce Prince, de caractériſer nos Egliſes, en leur donnant une forme ſi révérée des Chrétiens, quoique mal exécutée d'abord, comme nous l'avons dit, ne fut cependant pas infructueuſe. Quelques ſiécles après on l'exprima plus parfaitement, & les efforts qu'on fit pour y parvenir, & pour donner aux Sanctuaires de nos Egliſes l'élévation & la dignité qu'ils doivent avoir, produiſirent les premiers eſſais de la penſée la plus grande qu'ayent eu les Modernes en Architecture, celle de ſoutenir en l'air ſur les arcs immenſes de leurs nefs des Dômes ou des Temples ronds auſſi vaſtes que les plus grands de ceux que les Anciens ont exécutés.

De l'invention des Coupoles qui couvrent le Sanctuaire des Egliſes.

» Le Siege de l'Empire Romain ayant » été transféré à Conſtantinople, il y a » lieu de préſumer que la diſpoſition de » l'ancien ſaint Pierre, eſtimée alors la » plus belle Egliſe du monde, fut imitée » dans celle que Conſtantin fit élever » dans ſa nouvelle Capitale, ſous le » nom de ſainte Sophie. Cette derniere

» ne subsista pas longtems ; Constantius,
» fils de Constantin, en fit rebâtir une
» nouvelle qui éprouva les plus fâcheux
» accidens ; détruite en partie, & répa-
» rée sous l'Empire d'Arcadius, elle fut
» encore brûlée sous Honorius, & réta-
» blie par Théodose le jeune ; mais enfin
» une sédition furieuse s'étant élevée du
» tems de Justinien, elle fut réduite en
» cendres. Cet Empereur ayant appaisé
» la sédition, & voulant immortaliser
» son nom par les édifices qu'il fit élever
» en Europe, en Asie & dans plusieurs
» lieux de l'Afrique, fit venir de toutes
» parts les plus célebres Architectes.

» Anthemius de Thralles, & Isidore
» de Milet, parurent surpasser tous les
» autres en capacité ; ils conçurent le
» dessein de construire un Temple qui
» surpassât de beaucoup en grandeur tous
» ceux qui avoient été faits, & résolu-
» rent de n'y point employer de bois,
» afin de le mettre à l'abri des incendies.
» Comme ils eurent la hardiesse de ten-
» ter une construction inconnue jusqu'a-
» lors, ils essuyerent, ainsi que tous les
» Inventeurs, des traverses ; il arriva à
» leur édifice bien des accidens qu'ils n'a-

» voient pas prévus ; mais enfin ils eu-
» rent la gloire de l'achever, & sa dis-
» position fut trouvée si belle, qu'elle fut
» approuvée & imitée depuis par les
» Nations les plus éclairées, & par les
» Peuples les plus barbares de l'Europe.
» En effet, quand on entre dans l'inté-
» rieur de sainte Sophie, on est frappé
» d'admiration par sa grandeur & par la
» beauté de son ensemble ; & on est peu
» surpris que Justinien se glorifia tant de
» l'avoir élevée, qu'il s'écria dans un trans-
» port de joie : *Je t'ai surpassé, Salomon !*

» Quelques éloges cependant que
» mérite sainte Sophie, par la décou-
» verte qui y fut faite de cette voûte im-
» mense élevée au centre de la croix
» qu'elle forme, & dont le plan circu-
» laire qui porte sur le plan quarré de la
» partie d'en-bas du dôme, est racheté
» aux angles du quarré, & soutenu par
» des pendentifs (1), nous sommes cepen-
» dant forcés de reconnoître qu'il est des

(1) Pendentif, terme de l'Art, qu'on n'a pu éviter de répéter souvent, signifie la partie qui est entre les arcs des nefs de la croisée d'une Eglise, & qui s'avance pour recevoir l'entablement circulaire qui couronne ces arcs. Aux Invalides, sur ces pendentifs, on voit les quatre Peres de l'Eglise qu'on y a peints. C'est d'après les observations que j'ai faites à Constantinople sur cette Mosquée, que je parle si affirmativement de sa construction.

» ſiecles où les Princes, quelques grands » qu'ils ſoient, quelques dépenſes qu'ils » faſſent, ne peuvent produire que des » ouvrages imparfaits. Le monument » dont nous parlons en eſt un exemple » frappant, tous les détails de ſon Archi- » tecture ſont très-défectueux. »

Les Arts déja déchus ſous le premier Empereur Chrétien, de la perfection où ils avoient atteints ſous ſes Prédéceſ- ſeurs, dégénérerent encore pendant l'eſ- pace de tems qui s'écoula entre ſon Regne & celui de Juſtinien. Ils tomberent quelques ſiecles après dans une telle barbarie, que les Vénitiens qui copierent avec aſſez de ſageſſe dans S. Marc, ce que la diſpoſition de ſainte Sophie avoit d'heureux, ne purent auſſi ſe défendre d'imiter le mauvais goût qui régnoit dans ſa décoration intérieure. Auſſi ne parlerions-nous pas de ſaint Marc ſans les lumieres que ſa diſpoſition peut répandre ſur l'Hiſtoire de celle des Temples. L'Egliſe qui porte aujourd'hui ce nom à Veniſe, n'eſt pas celle qui fut élevée dans cette Ville l'an 829. Dans le ſoulevement général qui porta les Vénitiens à maſſacrer Candiano & ſon fils l'an 976, elle fut

fut consumée par les flammes qui dévorerent le Palais de ce Doge : détruite précisément de la même maniere que l'avoit été celle qui avoit été élevée d'abord à Constantinople sous le nom de sainte Sophie. Urséolo Ier qui en fit reconstruire une nouvelle à ses dépens, pensa peut-être à la mettre comme le monument dont Justinien se glorifioit le plus, à l'abri des incendies. Constantinople, dont tous les Edifices ne nous paroissent guères à présent préférables aux ouvrages des Gots, donnoit alors dans les Arts des Loix à l'Europe. Urséolo fit faire dans cette Ville un Tableau d'Orfévrerie d'une richesse extraordinaire, & d'un travail merveilleux, qu'il donna pour servir d'ornement au principal Autel de saint Marc. Les Architectes Grecs étoient si renommés en Italie dans ces siecles peu éclairés, qu'au commencement du onziéme, & par conséquent peu de tems après la construction de saint Marc, la République de Pize en fit venir un célebre nommé *Busquetto da Dalichio*, pour lui faire construire l'Eglise Cathédrale ou le Dôme de cette Ville. Enfin la ressemblance qu'on observe entre ces deux Edifices, prouve d'une maniere inconteſtable, que ſaint Marc a été copiée en parties d'après ſainte Sophie; ſi la forme de croix n'eſt pas bien exprimée à préſent dans le plan de la derniere, elle l'étoit beaucoup mieux quand Anthenius l'eut finie, & l'Architecte qui conſtruiſit ſaint Marc, étoit peut-être inſtruit de l'accident qui lui avoit fait perdre ſa diſpoſition primitive. Or quand on ſuppoſeroit qu'il ne l'eût pas été, rien ne l'empêchoit, en conſervant toute la diſpoſition du milieu de ſainte Sophie, de donner à ſon Egliſe cette forme, en ouvrant quatre nefs ſous les quatre arcs du milieu, & en leur donnant le rapport de longueur que doivent avoir entr'eux les différens bras d'une croix Grecque bien proportionnée comme il l'a fait. L'Egliſe de ſaint Marc a donc l'avantage d'être la premiere en Italie qu'on ait conſtruite avec des pendentifs qui ſoutiennent la voûte du milieu, de préſenter beaucoup mieux dans ſon plan la forme de croix, qu'on ne l'avoit fait auparavant, d'avoir eu la premiere au-deſſus des cinq coupoles qui couvrent le centre de cette Egliſe & les différens bras de ſa croix, de doubles calottes, dont les voûtes font un effet agréable dans l'intérieur de l'Eglise, & présentent à l'extérieur l'aspect de Dômes d'une forme plus élevée que celle que leur donnoient les Anciens, & à peu près semblable à celle que leur donnent les Modernes; enfin d'offrir même l'idée qu'on a imitée depuis dans saint Pierre de Rome, de faire accompagner le grand Dôme, d'une Eglise par des Dômes plus petits & inférieurs, afin de leur donner un effet piramidal.

ARTICLE II.

De la disposition des Temples des Chrétiens, depuis le tems où les Arts commencerent à renaître en Italie, jusqu'à la fin du Siecle de Louis XIV.

LES Arts ont eu le même sort que les Lettres, les siecles des plus beaux ouvrages ont été préparés par les travaux obscurs & pénibles des siecles qui les ont précédés. Des idées heureuses liées avec les idées les plus bisarres, des traits de génie méconnus ou peu apperçus dans des tems de barbarie, rassemblés ensuite par de grands hommes, ont produits les chefs-d'œuvres que nous admirons, & qui nous font trop oublier peut-être la source où les Auteurs, à qui nous les devons, ont puisé. L'Italie nous offre dans les progrès que fit l'Architecture quand les Arts commencerent à y renaître, une image de ce qui est arrivé en général dans toutes les connoissances humaines. Elle prépara par des pensées ingenieuses dans le quinziéme siecle, la forme admirable qu'on donna dans celui de Leon X au plus grand Edifice du monde. Si Notre-Dame des Fleurs, commencée à Florence dans le goût gothique, n'avoit pas été terminée par la belle coupole qui la couvre, si on n'avoit pas construit à Rome un Dôme porté sur des pendentifs à la petite Eglise trop peu connue des Augustins, saint Pierre de Rome auroit peut-être une forme toute différente de celle que nous lui voyons.

Ce ne fut point la prise de Constantinople par Mahomet, arrivée l'an 1453, qui forçant les grands hommes de sortir de cette Ville, prépara les Italiens à reprendre la prééminence qu'ils avoient eue dans les Arts ſous les premiers Empereurs ; ils durent ce premier mouvement à leur génie ſeul. Burneleſchi Florentin, dès l'an 1407, leur dévoila toutes les beautés qu'un goût exquis & une étude profonde lui avoient fait découvrir dans les ruines qu'ils fouloient aux pieds, & dans les monumens précieux de l'Antiquité qui ornoient Rome. On eſſaya dans le commencement du quinziéme ſiecle de déchiffrer Vitruve, cet ouvrage unique & précieux qui nous reſte des Anciens, ſur l'Architecture ; & les proportions heureuſes des Edifices antiques & de leurs parties, furent expoſées au grand jour avant la fin de ce ſiécle (1). La coupole immenſe qu'on fit à Florence pour couvrir le Sanctuaire de l'Egliſe de ſainte Marie des Fleurs, eſt la premiere, & une des époques les plus frappantes de ce changement heureux. Auſſi ſa conſtruction, digne d'être miſe au nombre de ces entrepriſes hardies qui font honneur à l'eſprit humain, nous paroît-elle mériter que nous en rapportions ici l'hiſtoire.

(1) Leon-Baptiſte Alberti avoit publié, avant la fin du quinziéme ſiecle, ſes dix Livres d'Architecture.

Du perfectionnement des Coupoles de nos Eglises.

Sainte Marie des Fleurs, commencée dans le goût gothique par Arnolphe Lapi, devoit être terminée ſous la direction de cet Architecte, lorſque ſa mort laiſſa les Florentins dans le plus grand embarras, pour en terminer la voûte principale, qui devoit ſurpaſſer en grandeur toutes celles que les Modernes avoient oſé faire juſqu'alors. L'exécution des projets propoſés par différens Architectes pour la conſtruire, étoit ſi compliquée, qu'ils furent rejettés. Burneleſchi, l'an 1407, qui joignoit à un génie fécond, une connoiſſance profonde de la conſtruction des Temples antiques de Rome, de retour de cette derniere Ville à Florence ſa patrie, fut chargé de faire des deſſeins & des modeles pour couvrir le Dôme. Il prit une route ſi oppoſée à celle qu'avoient ſuivie les autres Architectes qui avoient travaillé ſur cette matiere avant lui, qu'il lui arriva ce qu'il avoit prévu ; la ſimplicité de ſon projet en fit paroître l'exécution impoſſible. Il s'en retourna donc tranquillement à Rome reprendre ses Etudes, persuadé que les Florentins le rappelleroient, & qu'on ne leur offriroit rien de préférable à ce qu'il avoit proposé. Ce que Burneleschi avoit prévu arriva, dix ans après il fut rappellé à Florence. Il y exposa tout ce qu'il avoit imaginé pour construire la coupole de sainte Marie d'une maniere simple & peu dispendieuse. Comme il joignoit à des talens supérieurs, une ame élevée, il donna un avis qui auroit peut-être été nuisible à tout autre qu'à lui, mais qui tourna à sa gloire. Il conseilla d'appeller à Florence les plus célebres Architectes de l'Europe. On reconnut bientôt combien il leur étoit supérieur. Dans une assemblée générale où ils se trouverent, l'an 1420, ils exposerent leurs différens projets pour la construction de la coupole de sainte Marie, qui tous supposoient une charpente immense, comme on étoit en usage d'en employer alors. Burneleschi consulté, proposa de réduire très-considérablement, ou de supprimer même cette charpente. A un une proposition aussi extraordinaire & aussi hardie, tous ses Concurrens le jugerent comme les gens médiocres jugent ordinairement les hommes de génie; ils le regarderent comme fou. Il ne se découragea pas; mais reconnoissant combien il étoit difficile de persuader un grand nombre d'hommes dans des assemblées tumultueuses, il visita en particulier toutes les personnes chargées de présider à la construction de sainte Marie; & leur parlant avec cette force & cette sagacité qu'on trouve rarement dans ceux qui proposent des projers mal concertés, il les persuada. Dans une assemblée générale qu'ils tinrent ensuite, ils le chargerent de couvrir le Dôme, en le forçant cependant d'associer à son travail un Architecte nommé Giberti, homme dont par un artifice assez adroit, il fit si facilement connoître l'incapacité, qu'il resta seul chargé de l'ouvrage, & il l'acheva avec le plus grand succès.

La hardiesse qu'avoit eue Burneleschi, de construire d'une maniere toute nouvelle, solide & peu dispendieuse, le Dôme dé sainte Marie des Fleurs, qui faisoit l'objet de l'étonnement de l'Italie, & l'ornement de Florence, excita l'émulation de Rome. Nicolas V, élu Pape l'an

1447, voyant que la Basilique de l'ancien saint Pierre commençoit à se ruiner, médita le projet d'en élever une nouvelle, plus vaste que celle de Constantin (1). Bernard Rossellini fut chargé d'en faire le dessein, & le Souverain Pontife engagea aussi à y travailler Leon-Baptiste Alberti, qui joignoit à de profondes connoissances un grand goût pour l'Architecture. Les desseins de Rossellini furent approuvés, le Pape fit commencer la partie du chevet de la nouvelle Eglise, & fit démolir pour cet effet le Temple qui avoit été bâti par Brobus, Préfet de Rome, adossé à la Tribune de l'ancienne.

Cet ouvrage déja élevé de la hauteur d'environ cinq pieds au-dessus du rez de chaussée, fut abandonné par la mort de Nicolas V; & on peut regarder comme une véritable perte pour les Arts, celle des desseins de Rossellini dont on avoit commencé l'exécution. S'ils nous étoient

(1) Quelques Auteurs ont écrit que c'étoit Antoine Rossellini qui avoit été chargé de cet ouvrage; mais il est clair que ce fut Bernard, comme Bonanni le prouve dans son Histoire de saint Pierre, chap. 11, pag. 63. *Bernardus hic*, dit-il, *de quo Manellus loquitur, fuit Rossellinus*, &c.

parvenus, peut-être y verroit-on le germe des idées que l'on remarque dans quelques-uns des projets qui furent faits ensuite sous Jules II. Un monument seul, échapé par son peu d'étendue aux remarques des Curieux qui ont examiné Rome, ou qui ont écrit de ses Edifices, nous montre que les Romains tenterent après la mort de Nicolas V, de se frayer une nouvelle route dans l'Art de couvrir le Sanctuaire des Eglises. De la perfection que les Florentins avoient donné à leurs coupoles, il n'y avoit qu'un pas à faire pour imaginer les dômes portés sur les arcs de leurs nefs; les Romains le firent. Nous allons fixer l'époque d'une invention si heureuse, & qui a tant influé sur la disposition des plus beaux Edifices qu'on ait construits depuis.

De l'invention des Dômes des Eglises modernes.

L'Edifice où le premier Dôme a été exécuté, n'est pas important par sa grandeur, comme nous l'avons dit, puisque c'est la petite Eglise des Augustins située à Rome, auprès de la place Navone. Il ne peut pas même être mis au rang des beaux monumens de l'Italie, sa décoration intérieure tenant encore quelque chose de gotique; mais la place qu'il occupe, dans la chaîne des idées par lesquelles les hommes ont passé avant d'arriver à la perfection de la partie du milieu de nos Eglises, le rend cependant très-intéressant, & c'est ce qui m'a déterminé à en prendre les mesures générales quand je passai à Rome, à mon retour de la Grece. En effet, si on avoit déja à Constantinople & à Venise fait porter des voûtes sur les arcs des nefs, & sur les pendentifs qui les unissent, si Burneleschi avoit perfectionné à Florence la disposition de ces voûtes, en construisant celles de *sainte Marie*, on n'avoit cependant pas encore eu la hardiesse d'élever une tour de dôme complette sur les quatre arcs des nefs, & sur les pendentifs qui les unissent: c'est aux Augustins à Rome que cette grande pensée a été exécutée la premiere fois.

Le dôme de cette Eglise, le premier de ce genre qui ait été construit, & à qui le peu d'expérience qu'on avoit alors, ne permit peut-être pas de donner toute la solidité nécessaire, a été détruit, parce qu'il menaçoit ruine, depuis mon retour d'Italie, & n'a subsisté qu'environ 380 ans ; l'Architecte qui l'a bâti avoit eu d'assez grandes difficultés de construction à surmonter ; si son diametre n'étoit pas fort grand, les piliers qui le soutenoient étoient aussi très-peu considérables. L'Inscription (1) qui est sur le frontispice de l'Eglise, dont il couvroit le Sanctuaire, fait voir qu'elle fut construite sous le Pape Sixte IV, puisqu'elle marque que Guillaume d'Estouteville la fit élever l'an 1483, environ 60 ans après que la construction de la coupole de sainte Marie des Fleurs fut confiée à Burneleschi, & vingt ans avant que Jules II. fit faire des projets pour rebâtir saint Pierre. Aussi voit-on dans sa disposition, ou dans sa décoration, ce que l'Architecte qui l'a bâtie paroît avoir imité de sainte Marie, & ce qui a servi de modèle aux Architectes qui ont travaillé à saint Pierre. On remarque particulierement qu'elle a au-dessous de la voûte de son dôme huit

(1) *Guillemus de Estouevilla Episc. Ostien. Card. Rotomag. S. R. E. Camerarius. fecit.* M. CCCC. LXXXIII.

croiſées en œils de bœufs, préciſément comme celles qui ſont au-deſſous de la voûte de ſainte Marie ; & non-ſeulement la partie cilindrique dans laquelle ces croiſées ſont ouvertes, forme une tour de dôme complette, élevée ſur les quatre arcs des nefs & les pendentifs qui les uniſſent, comme l'eſt la tour du dôme de ſaint Pierre ; mais même les pendentifs de l'Egliſe des Auguſtins ſont ornés dans l'intérieur de médaillons ronds, comme on en remarque [illegible] de la premiere de ces Egliſes, & ſon plan forme une Croix latine très-réguliere, particularité qu'on obſerve encore dans cette fameuſe Baſilique, & dans différens projets qui en ont été faits.

Nous ſommes bien éloignés de prétendre par ces remarques diminuer la gloire des grands hommes à qui nous devons la plus magnifique Egliſe du monde ; il a fallu ſans doute les plus ſavantes recherches, & la plus grande hardieſſe, pour exécuter dans un édifice auſſi vaſte, l'idée qu'offroit un monument très-petit : mais enfin cette idée ne fut pas imaginée par les Architectes du ſeiziéme ſiécle, comme on l'a cru pendant long-temps, elle ne fut que développée & embellie par eux, ainſi que nous allons le faire voir.

Du perfectionnement des dômes qui couvrent le centre des plus belles Egliſes modernes.

Jules II, parvenu au Pontificat l'an 1503, entreprit de faire conſtruire la nouvelle Egliſe de ſaint Pierre, avec cette ardeur qui préſage la réuſſite des plus grands projets. On peut croire quels efforts firent alors les Architectes célebres que la fortune ſembloit avoir raſſemblés exprès à Rome pour diſputer entr'eux l'immortalité aſſurée à celui qui ſeroit chargé d'exécuter ce fameux Temple : Bramante eut la gloire de triompher de tous ces Concurrens, ſon plan fut choiſi. Il eſt effectivement d'une beauté & d'une magnificence ſurprenante. La Croix latine que préſente l'intérieur eſt très-bien deſſinée, jamais aucun monument n'avoit été ſi vaſte, la nef principale étoit d'une belle proportion, & la décoration qui terminoit le fond des trois autres nefs, compoſées de colonnes iſolées qui formoient periſtyles, & placées entre des maſſifs, devoient produire, par la variété qu'y pouvoient repandre les divers accidens de lumieres, un effet très-heureux. L'intérieur du Pantheon paroît le ſeul monument qui en ait peut-être donné la penſée à Bramante ; il eſtimoit tant ce Temple, qu'il forma le projet d'en élever un tout ſemblable à la réunion des quatre nefs de ſon Egliſe de ſaint Pierre ; & en effet, ſon dôme, dont on voit les deſſeins dans Bonanni, avoit la même largeur dans l'intérieur que le Pantheon, l'eſpece de calotte qui le couronnoit avoit des gradins à ſa naiſſance, & à peu près la même forme que celle du Pantheon : ſi on conſidere que ſon plan eſt composé de huit maſſifs, entre chacun deſquels il y a deux colonnes qui forment trois paſſages, comme il y en a dans l'intérieur du Pantheon, on reconnoîtra combien il y a d'analogie entre ces deux monumens. C'eſt donc Bramante qui a eu l'idée de mettre le Pantheon ſur le Temple de la Paix, & non pas Michel Ange, à qui on attribue cette penſée (1).

(1) Le peu de connoiſſances qu'on avoit de l'hiſtoire de ſaint Pierre de Rome, qui n'eſt détaillée que dans des ouvrages conſidérables & peu lus, a fait dire à M. de Monteſquieu, dans ſon Eſſai ſur le Goût, que Michel Ange imagina de faire ſoute-

L'exécution de la ſuperbe Baſilique de ſaint Pierre, où le plus grand Architecte de l'Italie, au commencement du ſeiziéme ſiécle, s'étoit efforcé de réunir tout ce qu'il avoit trouvé d'ingénieux dans les Egliſes modernes, à ce que l'architecture antique lui offroit de plus noble, fut commencée l'an 1506. Jules II. en poſa la premiere pierre avec la plus grande pompe le 18 Avril de cette année, environ 1180 ans après la fondation de l'ancienne Baſilique par Conſtantin le Grand. Nous voudrions, après les éloges que nous venons de faire du génie de l'Architecte qui en avoit donné le plan, pouvoir tirer

nir en l'air un Temple auſſi grand que le Pantheon, tandis que cette penſée avoit été imaginée par Bramante quarante ans avant que Michel Ange travaillât à ſaint Pierre de Rome. Le défaut d'une hiſtoire de nos Edifices, a fait commetre une erreur de la même nature à M. de Voltaire ; il eſt fâcheux que ces vers qui ſont tant d'honneur à l'humanité,

A la voix de Colbert, Bernini vint de Rome,
De Perrault dans le Louvre il admira la main, &c.

ne contiennent pas une vérité. C'eſt Serlio, qui venu à la voie de Francois Premier à Paris, préfera le deſſein que l'Abbé de Clagni avoit fait pour la Cour du Louvre, à celui qu'il avoit donné, & eut la grandeur d'ame de conſeiller de l'exécuter. Cette anecdote au reſte n'étoit pas difficile à découvrir, puiſqu'elle eſt dans le Dictionnaire de Trevoux au mot Louvre.

le

le voile ſur les fautes qui lui échaperent, il fonda cette Egliſe avec tant de précipitation & ſi peu de ſoin, qu'ayant voûté les quatre arcs qui devoient porter la coupole, ils s'ouvrirent conſidérablement en différens endroits peu de temps après ſa mort, qui ne précéda pas de beaucoup celle de Jules II. Ce défaut retarda conſidérablement la conſtruction de l'Egliſe de ſaint Pierre. Dès que Leon X. fut parvenu au Pontificat, il penſa à y faire apporter les plus prompts & les plus ſûrs remedes. Il chargea Giocondo, Raphael d'Urbin & Julien Sangalo d'y travailler, & ils s'en acquitterent avec tant d'intelligence, qu'ils parvinrent à rafermir les fondemens de cette Egliſe, & que toutes les craintes que l'on avoit ſur ſa ſolidité, ſe diſſiperent.

Ces trois Architectes étant morts tous depuis l'année 1517, juſqu'à 1520, l'ouvrage fut ſuſpendu. Antoine Sangalo, déja employé à la Baſilique, dés le départ de ſon oncle pour Florence, où il s'étoit retiré, & pendant la derniere année du Pontificat de Leon X, eut la direction générale de l'édifice, qu'il conſerva encore ſous Adrien IV & Clement

VII, & on lui donna pour Adjoint Balthazar de Peruze, Architecte d'une grande capacité. Dans le nouveau plan gravé dans Bonanni, sous le nom de ce dernier, qui ne fut point exécuté, mais qui l'auroit été sous des Papes aussi zèlés pour l'avancement de cette Eglise que Jules II & Leon X; dans ce plan, dis-je, qu'on devoit construire sous leurs ordres, ils avoient réduit celui de Bramante à une Croix grecque : ou plutôt ils n'avoient fait que raccourcir la nef principale, & la terminer par des colonades, comme l'étoient les trois autres nefs dans le projet de Bramante. Ils firent aussi d'autres changemens moins importans dans la disposition générale de cet Edifice.

Sous le Pontificat de Paul III, Sangalo resté seul, fit dans un troisiéme plan qu'il proposa de la Basilique, & qui fut accepté, des changemens plus considérables, mais désavantageux. Il conserva à l'intérieur la forme de Croix grecque, qu'il lui avoit donnée de concert avec Balthazar de Peruze, mais il grossit encore les pilliers du dôme. Il supprima mal-à-propos les colonades qui terminoient le fond de toutes les nefs, & mit avant d'arriver à celle de l'entrée, un portail avec des tours très-élevées, différens vestibules, & une espéce de dôme d'où on entroit par une porte dans la premiere nef.

Ces derniers ouvrages de Sangalo assez inutiles, qui donnoient beaucoup d'étendue à l'Edifice extérieurement, sans augmenter la capacité de l'intérieur, étoient décorés d'un très-mauvais goût, & d'une très-petite maniere.

Heureusement pour la Basilique de saint Pierre & pour les Arts, Michel Ange fut chargé de présider à sa construction. Ce grand homme appellé de Florence à Rome par Paul III l'an 1646, après la mort de Sangalo, s'efforça de rendre à cet Edifice la décoration majestueuse que Bramante lui avoit donnée, & que Sangalo lui avoit fait perdre. Dans une lettre (1) qu'il écrivit à un de ses amis, il témoigne autant d'estime pour le premier, que de mépris pour San-

(1) Voyez à ce sujet la Lettre de Michel Ange à un de ses amis, inserrée dans Bosnanni, Chap. XIV. pag. 75. qui commence ainsi : *Messer Bartolomeo amico caro. E non si può negare, che Bramante non fosse valente nell' Architetture, quanto ogn, altro, che sia stato degli antichi in quà*, &c.

galo. On peut juger avec quelle diſtinction fut reçu à Rome, par un Pontife qui ſçavoit honorer les grands hommes, Michel Ange, qui, à la plus haute réputation, joignoit le plus grand déſintéreſſement. Il réfuſa conſtamment de recevoir la penſion annexée aux Architectes qui avoient la ſurintendance de ſaint Pierre, & il en fut récompenſé par la confiance entiere du Pape, qui le laiſſa maître d'ordonner abſolument à ſa volonté de tout ce qui concernoit cette Baſilique.

Michel Ange ne méſuſa pas de la liberté que Paul III. lui avoit donnée : maître d'augmenter l'étendue de la Baſilique, il penſa au contraire, afin d'entrer dans les vûes du Pape qui deſiroit de la terminer, à en reſſerrer les limites, il laiſſa à l'intérieur la forme de Croix grecque que Sangalo & Balthazar de Peruze lui avoient donnée ; mais il diminua l'étendue extérieure qu'elle avoit dans le modele de Sangalo, de tout ce qui étoit étranger aux quatre nefs, & au grand quarré qui tournoit autour des quatre pilliers du dôme. Il y a lieu de croire qu'il n'a fait que peu de changemens à la décoration intérieure des nefs, compoſée de grands pilaſtres entre leſquels ſont deux niches, l'une inférieure, l'autre ſupérieure, puiſqu'on l'obſerve dans le modele de Sangalo qu'on voit à Rome, & dans les coupes gravées de ſon projet; mais Michel Ange donna à l'ordre qui décore ce dôme en dedans, plus d'élevation que ne lui avoit donnée Sangalo, & moins de hauteur à la voûte qu'il devoit porter.

A l'égard de l'extérieur de cet édifice, on doit à Michel Ange la belle décoration qui l'orne à préſent, excepté celle de la façade; le portail qu'il avoit imaginé, bien ſupérieur à celui qui eſt exécuté, étoit composé de quatorze colonnes iſolées très-colloſſales, & auroit par-là produit une décoration impoſante & majeſtueuſe. Michel Ange ſimplifia auſſi beaucoup la décoration de la tour du dôme, & au lieu que Sangalo y avoit employé deux ordres qui devenoient très-petits, & qu'il avoit couronné la coupole par une lanterne trop grande, il ne l'orna comme Bramante l'avoit fait, que d'un ordre à l'extérieur, mais il le diſpoſa beaucoup mieux pour la ſolidité, & traça auſſi pour la forme du dôme une courbe plus élegante que celle que lui avoient donné.

les Architectes qui l'avoient précédé; courbe, à la vérité, que Fontana & Jacques de la Porte, qui couvrirent le dôme sous Sixte Quint, éleverent d'un sixiéme de plus que la hauteur que Michel Ange lui avoit donnée. Enfin, comme ce dernier Architecte avoit beaucoup vécu à Florence, où il avoit toujours sous les yeux l'Eglise de sainte Marie des Fleurs, il imita la maniere dont ces deux voûtes, l'une intérieure, l'autre extérieure, sont disposées. Car le Maderne qui a terminé cette Basilique, n'a fait que lui rendre la forme de Croix latine que Bramante lui avoit donnée originairement.

• C'est donc avec raison qu'on regarde Michel Ange comme l'Architecte qui a le plus contribué à la perfection de saint Pierre, quoiqu'il n'en ait eu que pendant dix-sept ans la direction, qu'il n'ait commencé qu'à l'âge de 72 ans à y travailler, & 40 ans après que Bramante en eut jetté les fondemens; mais l'Histoire que nous venons de donner, montre assez que, ni la disposition générale de cet Edifice, ni l'idée d'élever le dôme sur les arcs des nefs ne peut lui être attribué, quoiqu'il ait exécuté avec succès cette idée, le mérite de l'Artiste qui perfectionne, étant d'une autre nature que celui de l'homme de génie qui invente.

Nous n'ajouterons ici qu'un mot sur d'autres parties de cet Edifice qui ont rapport à sa disposition ; tous ceux qui la connoissent sçavent que ses quatre nefs forment ensemble une croix latine très-réguliere, & bien mieux dessinée que celles qu'offroient toutes les Eglises construites auparavant ; la proportion de la grandeur du dôme par rapport à l'étendue des nefs, est très-belle ; les pans qui sont dans le plan au-dessous des pendentifs, sont une perfection que n'avoit pas l'Eglise des Augustins ; le quarré qui tourne autour des quatre massifs qui soutiennent les pendentifs, & aux angles desquels sont quatre petits dômes, est bien ouvert dans les nefs, & d'une très-belle proportion avec elle : tant pour la largeur que pour la hauteur, peut-être seroit-il à desirer que les bas côtés de la grande nef, qui sont éclairés par six petits dômes ovales, fussent plus larges ; que leur percé fût continué plus loin & ne fût pas borné comme il l'est par deux des quatre massifs qui soutiennent le dôme.

La disposition générale du dôme d'une Eglise, avec ses nefs & ses bas côtés, pouvoit donc encore recevoir quelque perfection, ou au moins être variée par la maniere de décorer ou d'ouvrir les pans qui sont au-dessous des pendentifs; on y parvint dans deux Eglises sur la fin du siècle de Louis XIV, mais il faut quitter l'Italie pour trouver ces monumens; il faut examiner en Angleterre & en France Saint Paul de Londres & l'Eglise des Invalides.

Du Percé très-ingénieux des bas-côtés d'une Eglise dans les pans du Dôme qu'on a pratiqué à Saint Paul de Londres, & de celui d'une autre espece qu'on a fait aux Invalides, ainsi que de la maniere ingénieuse dont les parties de la coupole sont éclairées.

Le Chevalier Wren, Membre de la Société Royale de Londres, & si sçavant qu'il étoit compté entre les premiers Géometres de l'Europe, dans le tems des Neutons, des Leibnitz & des Huyghens, a senti le dernier inconvénient des Bas-côtés de Saint Pierre, que nous avons rapporté, & l'a évité dans le magnifique Temple de S. Paul commencé l'an 1675 : l'ancienne Eglise de ce nom ayant été enveloppée dans l'incendie fatal qui onze ans auparavant détruisit une partie de cette superbe Ville, il a fait les quatre pans de son dôme, qui sont au-dessous des pendentifs, presque aussi grands que ceux qui répondent à l'ouverture des nefs, il a formé dans chaque massif des pendentifs une niche comme à Saint Pierre de Rome, mais il a ouvert ces niches, & a fait ensorte qu'elles fussent traversées par les huit bas-côtés qui accompagnent les quatre nefs de cette Cathédrale.

Cette disposition est certainement un trait de génie de la part de l'Architecte Anglois, mais il en résulte que les nefs en général paroissent trop petites par rapport à l'étendue immense du dôme; & tous ceux qui ont quelque goût & qui ont vu ce monumen, rapportent que le chœur particulierement paroît extrêmement étroit ; d'ailleurs il suffit d'en considérer les desseins pour reconnoître que sa forme n'est pas à beaucoup près aussi belle que celle de Saint Pierre de

Rome; la croix eſt mal exprimée dans le plan, & quoiqu'il y ait bien des choſes à deſirer dans le portail de la premiere, il n'a qu'un ſeul ordre, & il eſt par-là compoſé d'une maniere plus noble que celui de Saint Paul de Londres qui en a deux. Au reſte ces deux monumens ont été tous deux conſtruits en brique & revêtus en pierre, la pierre étant ſi rare à Londres, qu'on a été obligé de tirer des Iſles de Portland celle qu'on a employée à Saint Paul; mais l'Hiſtoire de leur conſtruction differe en ceci, que l'Architecte de l'Egliſe de Saint Paul a eu la gloire de la commencer & de la terminer comme il l'avoit conçu d'abord, dans l'eſpace d'environ quarante ans, & que plus de dix Architectes ont travaillé & changé aſſez conſidérablement à Saint Pierre de Rome, la premiere diſpoſition imaginée par Bramante.

Les reſſources, pour ajouter quelques perfections à la partie du milieu des plus grandes Egliſes, ſembloient en quelque ſorte épuiſées, quand Jules-Hardouin Manſart, chargé par Louis XIV de faire une Rotonde aux Invalides, pendant le tems qu'on conſtruiſoit Saint Paul à Londres, fit voir combien ſon génie étoit fécond; borné à ajouter un dôme à une nef déja faite & très-étroite, il ne put imaginer un enſemble auſſi grand qu'il l'auroit fait s'il avoit donné le deſſein d'une Cathédrale, mais il penſa à embélir la partie des pendentifs qui avoit paru trop négligée avant lui; il ouvrit les maſſifs des pendentifs dans le milieu, & les fit percer dans quatre Chapelles très-décorées; il les orna chacun de deux colonnes; il rappella en bas par quelques marches la belle forme circulaire de ſa coupole, & diſpoſa ſon dôme de maniere que quand on ſe place à ſon centre, on jouit d'un des plus magnifique ſpectacle que puiſſe donner l'Architecture. Il pouſſa même ces recherches juſqu'à donner aux peintures admirables qui ornent le plafond de la coupole, tout l'éclat qu'elles pouvoient recevoir (1). Avant lui les

(1) S'il eſt échappé quelque choſe à Manſart, c'eſt de n'avoir pas pris aſſez de précaution pour mettre les peintures qui devoient être faites ſur ce plafond, à l'abri des accidens qu'elles pouvoient éprouver; la voûte de ce plafond eſt très-foible, & le moindre accident arrivé en travaillant à la charpente, ou les défauts de la couverture qui pouvoient les endommager. M. Contant va remédier à cet inconvénient, jaloux de conſerver des peintures qu'il ne voit & dont il ne parle jamais qu'avec admiration,

peintures, comme au Val-de-Grace, n'étoient éclairées que par des croiſées percées dans la tour du dôme. Manſart, au dôme des Invalides, fit comme à celui de Saint Pierre de Rome, une double calotte; mais au lieu de les terminer toutes les deux à la lanterne, il ouvrit la plus baſſe, il fit peindre le plafond de la plus haute, & l'éclaira par des croiſées ouvertes dans un attique, & dont le jour pénétrant entre les deux calottes, frappe ſur la voûte ſupérieure, ſans que les ſpectateurs qui ſont en bas puiſſent appercevoir ces croiſées & découvrir la cauſe qui donne un ſi grand éclat aux peintures admirables dont la coupole eſt ornée.

Nous avons montré combien il s'eſt écoulé de ſiécles avant que les Chrétiens parvinſſent à perfectionner la forme des Egliſes qui ont des dômes. Une nouvelle matiere va s'offrir à nos recherches, nous allons voir les colonnes employées d'abord dans les premiers Temples des Chrétiens avec peu d'art, & abandonnées enſuite, reparoître dans ceux que

il va faire faire une fauſſe voûte dans la Charpente qui couvrira celle où ſont les peintures, & la garantira auſſi longtems que le bâtiment ſubſiſtera.

nous élevons, & y être exécutées avec toute la pureté de l'Architecture grecque ; nous les verrons appliquées à la forme de croix perfectionnée, s'y montrer unie avec ces voûtes belles & hardies imaginées pour couvrir le sanctuaire de ces édifices ; & enfin y présider, & par leur grande élevation, & en formant toutes les divisions générales de leur plan.

Le succès des Edifices sacrés composés sur ce nouveau systême, dépend presqu'entiérement de l'effet heureux ou désagréable que les colonnades feront dans leur intérieur. Avant donc de parler de la maniere dont elles y sont disposées, nous croyons devoir présenter au Lecteur quelques réflexions, sur la cause du plaisir qu'elles nous donnent, ainsi que les péristyles en général, dans les monumens où on les employe.

ARTICLE III.

De la beauté qui résulte en général des Péristyles dans les Edifices, & des changemens qu'ils peuvent occasionner dans les dimensions des principales parties de leur intérieur.

QUELLE que soit la cause des sensations que l'Architecture nous fait éprouver en général, on peut assurer que c'est de la nature, de la force ou du nombre de ces sensations que résulte le jugement que nous portons sur les divers Edifices qui s'offrent à nos regards ; souvent l'heureux rapport des proportions d'un bâtiment y attache notre vue, nous en parcourons l'étendue entiere, nous en observons toutes les parties, tous les détails ; avec cette espece de charme qui égale presque celui que les plus belles choses de la nature nous font ressentir. Quelquefois aussi la maniere grande dont l'extérieur ou l'intérieur d'un Edifice sont divisés, le relief de ses parties, l'espace considérable qu'il occupe & son élévation prodigieuſe, produiſent ſur notre ame une impreſſion très-forte; enfin une grande quantité de petits objets différens, offerts à nos yeux tout à la fois, nous donnent encore une grande multiplicité de ſenſations foibles; ou un petit nombre de grands objets préſentés ſous des faces nouvelles, multiplient les ſenſations agréables ou fortes que nous reſſentons à l'aſpect des plus belles décorations.

Ces trois qualités, l'agrément, la force ou la variété des ſenſations que l'Architecture nous fait éprouver, rarement réunies dans un même édifice, étant donc les cauſes qui y produiſent le beau, nous allons faire voir comment elles ſe rencontrent particulierement dans les Périſtyles, & comment certains Périſtyles réuniſſent un plus grand nombre de ces qualités que d'autres.

On diviſe de différentes manieres les ſurfaces dans l'Architecture; quelquefois on perce dans les murs, ou on y ménage, en les conſtruiſant, des ouvertures rondes ou quarrées, mais en ſi petit nombre, que l'impreſſion générale que nous recevons de la ſurface, differe peu de celle que le mur plein nous donneroit ; ſouvent auſſi ces ouvertures ſont ſi grandes, que l'impreſſion que nous recevrions du mur plein, eſt conſidérablement diminuée par celle des objets que nous découvrons entre ou à travers les ouvertures ; enfin les diviſions des ſurfaces en Architecture, ſont encore ſouvent d'une nature toute différente, & qui ne donne aucunement l'idée de trous percés ou ménagés dans le mur, c'eſt lorſqu'elles ſont formées par des files de colonnes & par les intervales qui les ſéparent. Examinons quelles ſont de ces deux eſpeces différentes de diviſions des ſurfaces, celles qui produiſent les ſenſations les plus agréables.

Le premier uſage qu'on a fait des colonnes dans l'Architecture, comme on le ſçait, a été de les employer à ſoutenir des plattes bandes & des plafonds ; mais on n'a pas tardé longtems à reconnoître combien elles ajoutoient d'agrémens aux édifices où elles étoient ſi néceſſaires. Si dès le tems de la plus haute antiquité, on n'avoit pas reconnu toute la beauté qu'elles y produiſoient ; pourquoi les Egyptiens avoient-ils fait les plus gran

des

des & les plus belles divisions de leurs Temples avec des colonnes? pourquoi les y auroient-ils prodiguées? qui auroit porté ensuite les Grecs & les Romains à en orner les dehors, les dedans & les enceintes qui étoient autour de ceux qu'ils construisoient, ainsi que leurs Places, leurs Théâtres & leurs autres bâtimens. Enfin pourquoi toutes les Nations éclairées de l'Europe regardent-elles les ordres, comme la source des plus grandes beautés de l'Architecture; & les péristyles & les colonnades, comme les especes de décoration où ils sont employés le plus conformément à leur origine; & avec le plus de succès? Si des raisons de solidité, la nécessité de mettre leurs galeries plus à couvert, l'économie ou d'autres causes, ont porté quelquefois les Peuples qui se sont distingués dans l'Architecture, à faire des portiques; il n'en est pas moins constant, il n'en est pas moins prouvé par les faits, qu'ils leur ont toujours préféré les péristyles, & que ce sont de toutes les décorations celles qui nous font éprouver les sensations les plus agréables.

Cet avantage n'est pas le seul qu'on

trouve dans la décoration des Péristyles, ils produisent presque toujours infailliblement dans les édifices, la grandeur, qui a seule le droit de nous affecter fortement, & sans laquelle l'Architecture la plus pure n'attire que peu notre attention.

Tous les grands spectacles en imposent aux hommes; l'immensité du Ciel, la vaste étendue de la Terre ou de la Mer, que nous découvrons du sommet des montagnes, ou du milieu de l'ocean, semblent élever notre ame & aggrandir nos idées. Les plus grands de nos ouvrages font aussi sur nous des impressions de la même nature, nous ressentons à leur aspect ces sensations fortes, bien supérieures à celles qui ne sont qu'agréables, & qui sont les seules que les très-petits édifices puissent nous donner. Cependant la force de ces impressions que nous recevons à l'aspect des bâtimens, n'est pas toujours proportionnelle à leur grandeur, elles dépendent souvent autant de la maniere de diviser leurs masses ou leurs surfaces, que des dimensions de ces masses ou de ces surfaces mêmes.

Supposons, par exemple, l'intérieur du Pantheon à Rome, divisé en un grand nombre de Chapelles, qu'on ne puisse voir que l'une après l'autre; & son frontispice composé de plusieurs petits ordres; l'intérieur ne nous donnera qu'un grand nombre de sensations foibles, mais successives; le frontispice qu'un grand nombre de sensations foibles, dans un instant: au lieu que toute la capacité de l'intérieur de cet édifice que nous découvrons d'un coup d'œil dans son état actuel, l'élévation des colonnes de son portique, leur nombre, celui de leurs intervales, & tout ce que nous y découvrons dans la profondeur du portique; fait sur nous l'impression la plus forte. Cette impression est même tellement augmentée par les sensations seules que nous recevons de tous les objets, & de tous les effets de lumiere que la profondeur du portique nous présente, que notre ame est plus fortement affectée à l'aspect du frontispice du Panthéon, qu'elle ne l'est à la vue de celui de Saint Pierre de Rome, quoique dans cette Basilique les colonnes du Portail cependant, soient considérablement plus grosses & plus grandes, & que la seule chose en quoi elles different de celles du Pantheon, soit, qu'étant engagée dans le mur, elles ne nous donnent aucuns des effets frappans qui naiſſent de la profondeur dans les Périſtyles. La différence des impreſſions que font ces deux façades eſt ſi marquée, que nous ne craignons point de dire qu'elle ſe fait ſentir à la plûpart de ceux qui les voyent; & cet exemple & un grand nombre d'autres de cette nature, prouvent tout d'un coup, combien les décorations des Périſtyles ſont propres à produire dans les édifices, la grandeur, cette qualité qui releve tant toutes leurs autres perfections.

Nous venons de faire voir combien la multiplicité des diviſions dans la décoration des édifices leur fait perdre de leur beauté, faiſons ſentir les défauts qui y naiſſent de leur trop petit nombre. Suppoſons que toute la ſurface du frontiſpice du Pantheon (1) fût un mur liſſe, ſans aucune décoration, & où il y eût ſeulement au milieu une porte fort petite; la vue de cette ſurface liſſe ne nous affec-

(1) Le Pantheon, le plus magnifique Temple qui nous reſte à Rome de l'antiquité, a ſon frontiſpice compoſé de huit colonnes très-coloſſales, qui ſoutiennent un fronton, & la décoration de ce frontiſpice eſt une des plus grande & des plus majeſtueuſe qu'on connoiſſe.

feroit certainement pas à beaucoup près d'une maniere auſſi forte, que la vue de cette même ſurface, diviſée par huit colonnes, & par tout ce qu'on découvre au travers de ſept intervalles qui les ſéparent; d'où il paroît prouvé, que la décoration du frontiſpice du Pantheon perdroit de ſa beauté, ſi en multipliant trop les parties qui la compoſent, on les rendoit plus petites, & qu'elle ſeroit moins agréable ſi on en diminuoit conſidérablement le nombre.

On voit par-là que les diviſions qui produiroient les plus grands effets pour une ſurface donnée, ſont renfermées entre des limites aſſez peu étendues & & également éloignées de deux termes qui, quoiqu'oppoſés, ſe rapprochent: celui, où en n'en indiquant aucunes ſur ces ſurfaces, on ne décoreroit point; & celui où en en rendant le nombre infini, elles nous échapperoient. En voulant pouſſer les diviſions trop loin, ſelon la remarque très-fine de M. de Monteſquieu, on produiroit l'effet contraire à celui qu'on ſe propoſe; les parties diminuées à proportion de leur multiplicité, nous donneroient des ſenſations plus foibles ; & elles ſe détruiroient tellement par leur nombre, & par la confuſion qu'elles produiroient, que nous ne ſerions plus affectés.

C'eſt par ce principe que les Peintres aiment mieux compoſer leurs tableaux d'un petit nombre de figures, qui nous affectent fortement, que de les y multiplier, & de partager notre attention entre un trop grand nombre d'objets. C'eſt d'après des obſervations de la même nature, difficilement apperçues, ſur la plus grande durée de l'attention de la plûpart des hommes, que les Poëtes ou les Muſiciens célébres ; reſtraints à n'employer que peu d'heures au ſpectacle, s'attachent à n'exciter en notre ame qu'un petit nombre de ſentimens, mais à les y exciter fortement ; tandis que ceux qui manquent de goût, variant trop ſouvent la maniere dont ils nous affectent, ne parviennent jamais à nous émouvoir.

La grandeur des corps ou des ſurfaces donnés en général à l'Architecte qui doit décorer un édifice, étant des entraves de la même nature que les eſpaces de tems fixés aux Poëtes ou aux Muſiciens qui compoſent pour le Théâtre, le met auſſi dans l'impoſſibilité de produire au premier aſpect un auſſi grand nombre de ſenſations fortes qu'il le déſireroit ; & notre ame même n'étant pas ſuſceptible d'en recevoir beaucoup à la fois ; ſon art conſiſte à augmenter, ainſi que le Poëte dans ſes ouvrages, le nombre de ſes ſenſations en les rendant ſucceſſives, & en ne les reſtraignant pas, comme le Peintre, à celles qui peuvent être produites par un tableau dans un ſeul inſtant. Une piéce de vers, dit M. de Marmontel, dans ſa Poëtique, qui préſente à notre imagination une ſuite de tableaux variés, nous intéreſſe plus qu'un tableau qui ne nous montre qu'un ſeul monument pris dans la nature : & c'eſt peut-être cette eſpece de mouvement, dans lequel la Poëſie entretient notre ame, qui fait que nous la préférons à la Peinture.

L'Architecture comparée à ces deux Arts, n'offre auſſi ſouvent, comme la Peinture, qu'un tableau qui ne change point ; & elle offre auſſi quelquefois, comme la Poëſie, une ſucceſſion de tableaux variés. Conſidérons, par exemple, deux façades ; l'une compoſée de colonnes qui touchent un mur, l'autre formée par des colonnes qui en font assez éloignées pour qu'elles fassent Péristyle ; & supposons encore que les entre colonnes, dans l'un & l'autre cas, soient égaux & décorés de même, on observera dans la derniere façade une beauté réelle, dont l'autre sera privée, & qui résultera uniquement des différens aspects ou des tableaux variés & frappans que ses colonnes présenteront au spectateur, en se projettant sur le fond du Péristyle qu'elles forment. Cette propriété de multiplier les sensations que nous éprouvons à l'aspect d'un édifice, sans les affoiblir, est encore un avantage très-considérable, & qui se fait sentir bien plus fortement dans les Péristyles que dans aucune autre espéce de décoration. Une comparaison très-générale va le faire voir.

Si vous vous promenez dans un jardin, à quelque distance & le long d'une rangée d'arbres plantés régulierement, dont tous les troncs toucheroient un mur percé d'arcades, la situation respective des arbres avec ces arcades, ne vous paroîtra changer que d'une maniere très-insensible, & votre ame n'éprouvera aucune sensation nouvelle, quoique vous ayez eu toujours les yeux fixés ſur les arbres & ſur les ouvertures du mur, & qu'en marchant vous ayez parcouru aſſez vîte une eſpace conſidérable. Mais ſi cette rangée d'arbres eſt éloignée du mur, en vous promenant de même, vous jouirez d'un ſpectacle nouveau, par les différens eſpaces du mur que les arbres paroîtront, à chaque pas que vous ferez, couvrir ſucceſſivement. Tantôt vous verrez les arbres diviſer les arcades en deux parties égales, un inſtant après les couper inégalement, ou les laiſſer entiérement à découvert & ne cacher que leurs intervales; enfin, ſi vous vous approchez, ou que vous vous éloigniez de ces arbres, le mur vous paroîtra monter juſqu'à la naiſſance de leurs branches, ou couper leurs troncs à des hauteurs très-différentes. Ainſi quoique nous ayons ſuppoſé le mur décoré régulierement, & les arbres également éloignés; la premiere des décorations ſemblera immobile, pendant que l'autre au contraire s'animant en quelque ſorte par le mouvement du ſpectateur, lui préſentera une ſucceſſion de vûes très-variées, qui réſulteront de la combinaiſon infinie qu'il ſe procure, des objets ſimples qui produiſent ces vûes.

Ces effets opposés qui résultent uniquement des différentes positions d'une rangée d'arbres, par rapport à un mur percé d'arcades, nous représentent le contraste frappant que nous avons voulu faire sentir : & qui seroit entre la décoration montone produite par des colonnes qui toucheroient un mur décoré, & la riche variété qui résulteroit de celles qui formeroient peristyle. Qu'on suppose en effet dans le premier cas les entre colonnes ornées de niches, de figures, de bas reliefs, toute la richesse qu'on aura prodiguée dans cette décoration, ne changeant que très-peu à notre vûe, malgré les efforts que nous ferons pour la considérer sous différens aspects, nous fera bientôt abandonner un spectacle où l'ame ayant tout vû dans un instant, cherche envain de nouveaux objets qui satisfassent son activité. Dans le second au contraire, la magnificence des plafonds, ajoutée à celle du fond du peristyle, se réproduira en quelque sorte à chaque instant : elle se présentera sous mille faces diverses aux yeux du spectateur, & le récompensera des efforts qu'il fera pour trouver tous les points de vûes du periſtyle, en lui offrant ſans ceſſe de nouvelles beautés.

Mais pour mieux nous former une idée des différens effets que produiſent les periſtyles, & de leur ſupériorité ſur les décorations qui ne ſont compoſées que de pilaſtres, profitons de l'avantage que nous a donné M. le Marquis de Marigny, de voir dans tous les aſpects, le plus beau morceau d'Architecture de l'Europe; parcourons des yeux toute l'étendue du periſtyle du Louvre, en marchant le long des maiſons qui lui font face; éloignons-nous-en pour en ſaiſir l'enſemble, approchons-nous-en aſſez près pour découvrir la richeſſe de ſon plafond, de ſes niches, de ſes medaillons : ſaiſiſſons le moment où le ſoleil y produit encore les effets les plus piquans, en faiſant briller quelques parties du plus grand éclat, tandis que d'autres couvertes d'ombres les font reſſortir. Combien la magnificence du fond de ce periſtyle, combinée de mille façons différentes, avec le contour agréable des colonnes qui ſont devant, & avec la maniere dont il eſt éclairé, ne nous offriront-t-ils pas des tableaux enchanteurs. La riche variété de ce ſpectacle, ſe fera encore mieux ſentir, en lui oppoſant celui qu'on peut ſe procurer ſur le bord de la riviere. Qu'on s'efforce de même de découvrir de nouveaux aſpects, dans la décoration de pilaſtres qu'on y voit, & dont les intérales ſont diviſés à peu près comme ceux du periſtyle, on n'y obſerve ſans ceſſe que cette eſpece de décoration froide & monotone, que la lumiere vive du ſoleil qui anime toute la nature, ne change même preſque pas.

Non-ſeulement le ſpectateur n'épuiſera pas en quelques heures les tableaux que le periſtyle du Louvre pourra lui offrir, mais même les différens momens de la journée lui en fourniront de nouveaux. Chaque nouvelle ſituation du ſoleil, y fera répondre les ombres des colonnes à différentes parties du fond, comme chaque hauteur différente de cet aſtre, les fera élever ou abbaiſer plus ou moins ſur le fond de ce periſtyle.

Cette derniere variété qui naît dans les periſtyles des effets de la lumiere, ſuffit preſque, quand ſitués heureuſement, ils ſont encore bâtis dans de beaux climats. Alors éclairés par le ſoleil pendant preſque toutes les heures du jour, il eſt moins néceſſaire de ſoutenir l'attention du ſpectateur en décorant richement leurs fonds. Dans les pays au contraire où le ciel eſt toujours couvert, la nature moins animée force l'Architecte à employer d'autres reſſources pour repandre dans ſes periſtyles cette variété qui les fait voir ſans ceſſe avec un nouveau plaiſir, & il parvient en effet, en en travaillant plus les fonds, à détruire la monotonie que leurs décorations éclairées trop uniformément pourroient produire.

A ce que nous venons de dire de général, ſur la beauté des aſpects qu'offrent les periſtyles au ſpectateur qui les conſidere de différens points de vûe, joignons quelques réflexions plus particulieres & aſſez importantes, ſur ce qu'il éprouve lorſqu'il les voit d'une grande diſtance, qu'il s'en approche très-près, ou même qu'il entre ſous les periſtyles.

Quand nous voulons jouir de l'enſemble d'un periſtyle, nous ſommes obligés de nous en éloigner à une certaine diſtance, afin d'en embraſer toute la maſſe, alors les divers mouvemens que nous faiſons, font peu changer la ſituation apparente des corps iſolés qui les forment.

Lorſque nous nous en approchons, un ſpectacle différent nous affecte; l'enſemble de ſa maſſe nous échappe, mais la proximité où nous ſommes des colonnes nous en dédommage; & les changemens que le Spectateur obſerve dans les tableaux qu'il eſt le maître de ſe créer en changeant de lieu, ſont plus frappans, plus rapides & plus variés. Mais ſi le Spectateur entre ſous le periſtyle même, un ſpectacle tout nouveau s'offre à ſes regards, à chaque pas qu'il fait, la ſituation des colonnes avec les objets qu'il découvre en dehors du periſtyle varie, ſoit que ce qu'il découvre ſoit un païſage, ou la diſpoſition pitoreſque des maiſons d'une Ville, ou la magnificence d'un intérieur.

Ces deux dernieres eſpeces de beautés, qui naiſſent de la grande proximité où le Spectateur eſt des colonnes des periſtyles, eſt ce qui caractériſe particulierement l'effet ſurprenant des colonnades employées dans les intérieures. En général, dans les Temples ou les Egliſes, quelques vaſtes qu'ils ſoient, le Spectateur en découvre d'un coup d'œil preſque toute la capacité; & comme il eſt toujours ſitué très-près de quelques files de colonnes, & que les fonds qu'il découvre ſont ordinairement bien plus compliqués, & bien plus riches que ceux des periſtyles extérieurs ; les moindres mouvemens qu'il fait produiſent les changemens les plus frappans dans les aſpects que cet intérieur lui préſente. Enfin, la beauté qui réſulte de ces periſtyles eſt ſi générale, qu'elle ſe feroit encore ſentir, ſi les pilliers qui les forment, au lieu d'offrir au Spectateur de ſuperbes colonnes Corinthiennes, ne lui préſentoient que des troncs d'arbres coupés à leurs racines, & à la naiſſance de leurs branches, ſi ces colonnes étoient imitées d'après celles des Egyptiens ou des Chinois, ſi ces pilliers ne repréſentoient même, que les amas confus de petites colonnes gotiques, ou les ſoutiens maſſifs & quarrés de nos portiques.

Il eſt vrai que la forme de ces pilliers, leur plus ou moins grand nombre dans un même eſpace, leurs rapports avec les intervales qui les ſéparent, leurs divers éloignemens du fond ſur lequel ils ſe projettent ; & particulierement la plus ou moins grande quantité de diviſions affectées dans ces fonds, contribue à rendre leur effet plus ou moins sensible. Ils exigent même qu'on donne aux principales parties de l'intérieur des proportions très-différentes, selon la forme & l'éloignement de ces pilliers qui en marquent les divisions: & leur effet général combiné avec d'autres causes que nous allons examiner, peuvent contribuer à faire paroître ces intérieurs moins grands, ou plus vastes qu'ils ne le sont.

Que les erreurs que notre vûe nous fait commettre, sont les causes qui font paroître différens intérieurs plus vastes, ou moins étendus qu'ils ne le sont.

La vûe, le plus précieux de nos sens, n'est pas pas toujours le plus fidele : dans l'enfance nous jugeons très-imparfaitement de la forme & de la grandeur des objets. L'aveugle né, que Chezelden commença à faire jouir de la vûe, dans l'âge où elle est la plus parfaite, se trompoit d'abord presqu'à chaque instant, dans les Jugemens qu'il formoit sur tout ce qui s'offroit à ses regards; novice en l'art de voir, il rectifioit souvent par le touché

touché les erreurs, que ses yeux lui faisoient connoître. Quelque habitude que nous acquerions avec le temps de juger de la forme, de la couleur, & de la grandeur des corps que nous considérons; nos jugemens quelquefois ne sont pas plus sûrs que ceux de l'aveugle de Chezelden. Combien n'éprouvons-nous pas souvent que notre vûe nous trompe? Pourquoi le soleil & la lune à l'horison, nous paroissent-ils beaucoup plus grands que quand ils sont au zenit? Pourquoi un lieu nous paroît-il très-vaste, quand il n'a qu'une étendue médiocre? Et pourquoi un lieu fort grand, nous paroît-il aussi quelquefois bien moins considérable qu'il ne l'est?

Il est aisé de s'assurer par l'expérience, combien nous sommes sujets à tomber dans de semblables erreurs, mais il n'est pas facile d'en démêler précisément la cause. Les conjectures les plus vraisemblables qu'on ait formées sur ce sujet, sont que ces erreurs sont produites par la comparaison que nous faisons d'un objet à l'autre. Quand nous voyons la lune ou le soleil à l'horison, nous les comparons avec les divers objets qui s'offrent en même-temps sur la terre à nos regards;

& la petiteſſe de ces objets, nous fait paroître la lune, le ſoleil & les étoiles, fort grands. Quand nous regardons les mêmes objets au zenit, toutes les comparaiſons nous manquent, ces aſtres rapportés à l'immenſité du ciel que nous découvrons, paroiſſent plus petits. Un fait qui prouve inconteſtablement que l'erreur que nous commettons, dans ces différens cas, vient de notre jugement, & ne naît d'aucun phenomene d'optique; c'eſt que quand on meſure avec un micrometre l'étendue de lalune à l'horizon dans une lunette, elle paroît plus petite, qu'elle ne le paroît quand avec la même lunette, on meſure ſon étendue au zenit : ce qui doit arriver, puiſqu'au zenit elle eſt plus près de nous d'un demi diametre de la terre.

La comparaiſon que nous faiſons des différens objets que nous voyons enſemble, influe donc conſidérablement ſur les Jugemens que nous portons ſur leurs grandeurs reſpectives; voyons ce qu'on peut tirer de cette obſervation bien conſtatée, ſur la maniere de décorer les intérieurs ou les extérieurs des Edifices.

Dans les décorations extérieures, trois

caufes peuvent contribuer à nous faire juger différemment d'une même maffe, le rapport qui eft entre ces différentes dimentions, les différentes manieres dont elle eft divifée, & la comparaifon que nous en faifons avec les objets qui l'environnent; comme des maifons, des arbres, des hommes, ou des animaux, dont nous connoiffons à peu près la grandeur. Dans les intérieurs abfolument fermés, il n'y a ordinairement que deux de ces caufes qui puiffent nous faire juger de la capacité du lieu & de fes dimentions principales; nous comparons ces dimentions entre elles, nous les comparons avec les divifions fenfibles qu'on y a affectées, & fi le hazard n'y amene pas des hommes, ou quelques êtres dont nous connoiffons la grandeur; les objets extérieurs n'influent en rien fur le jugement que nous portons, puifque nous ne les appercevons pas. Auffi notre ame dans le jugement qu'elle porte fur la capacité d'un intérieur, en comparant les dimentions refpectives de cet intérieur, & les maffes qui le divifent, n'étant pas aidé pour les apprécier par le fecours qu'elle pourroit tirer des objets extérieurs, commet-elle ſouvent des erreurs très-conſidérables.

L'Egliſe des Chartreux à Rome, ainſi que le Pantheon, & ſainte Sophie à Conſtantinople, paroiſſent, de l'aveu de preſque tous les voyageurs, plus grandes qu'elles ne le ſont ; & c'eſt une choſe qui mérite d'être remarquée, que leurs voûtes ſont peu élevées pour leur étendue ; ou ce qui eſt la même choſe, que leur hauteur eſt dans une aſſez petit rapport avec leur largeur. Dans l'Egliſe de ſaint Pierre de Rome, on remarque l'effet contraire ; cette Baſilique quand on y entre, ne paroît pas, à beaucoup près, avoir l'immenſité qu'on y reconnoît, quand on paſſe quelque temps à en conſidérer l'intérieur ; & dans cette Egliſe en général, la hauteur de toutes les parties, eſt bien plus conſidérable, par rapport à leurs largeurs, que ne le ſont celles des trois Egliſes dont nous venons de parler. D'après ces deux obſervations que je viens de rapporter, il ſemble évident que pour faire paroître l'intérieur d'une Egliſe très-vaſte, il faut en général bien prendre garde à donner trop de hauteur aux nefs, ou aux autres parties de l'intérieur , par rapport à leur largeur. Ces rapports cependant de hauteur & de largeur des intérieurs , pour les faire paroître vastes , ne sont pas les mêmes dans tous les systêmes de décorations qu'on peut employer.

Si une nef étoit formée par des arcades, par exemple, & que les pieds droits qui séparent les arcades fussent dans une très-grande proportion avec les ouvertures, il faudroit certainement faire cette nef plus basse, que si elle étoit décorée par des colonnes assez espacées ; parce que dans le premier cas, l'œil borné par les massifs considérables, qui séparent les arcades, ne compareroit, pour ainsi dire, que la largeur réelle de la nef avec sa hauteur ; & que dans le second, l'œil découvrant au travers des entre-colonnes très-larges, un grand espace des bas côtés, compareroit toute cette étendue qu'il découvriroit, avec la hauteur de la nef: & la largeur dans ce dernier cas lui paroîtroit beaucoup plus considérable par rapport à la hauteur. C'est vraisemblablement par une suite de cette comparaison que le Spectateur, fait sans s'en appercevoir, de tout l'espace qu'il découvre en largeur dans une Eglise, avec tout l'espace qu'il découvre en hauteur; que les nefs gotiques, quoique très-élevées, ne le paroissent pas trop; parce qu'étant soutenues par des colonnes d'un diametre peu considérable, par rapport aux vuides qui les séparent, elles laissent voir une grande partie de l'étendue, ou du vuide des bas côtes. C'est sans doute encore par la même raison que la Chapelle de Versailles, décorée de colonnes, ne paroît pas, à beaucoup près, aussi étroite qu'elle l'est réellement, & qu'elle paroît plus large en haut qu'en bas, ce qui est une suite de la différente décoration, de la partie supérieure & de l'inférieure, & est une preuve de ce que nous avançons.

Le rapport de la grandeur des parties, comme des colonnes, des entre-colonnes, des pieds droits, ou des arcades, avec les dimentions d'une nef, ou de toute l'Eglise, influeroit sans doute aussi considérablement pour la faire paroître plus vaste ou moins étendue qu'elle ne l'est; mais il est très-difficile de découvrir quels sont précisément, ou même à peu près, les rapports des parties au tout, qui donneroient en général à un intérieur la propriété de paroître vaſte : on ne peut haſarder de donner rien de précis là-deſſus, ſans être auparavant en état de le conſtater par un plus grand nombre d'obſervations que nous ne le pourrions faire. Les diſpoſitions des Egliſes de ſainte Genevieve & de la Magdelaine, qui ſont à peu près de la même grandeur, & décorées toutes deux avec des colonnes, différant cependant eſſentiellement entre elles, nous donneront, peut-être, quelques lumieres ſur cette partie Metaphyſique, & très-intéreſſante de l'Architecture : en attendant que le Public ſoit en état de faire ces obſervations, nous dirons quelque choſe de la décoration générale de ces deux Egliſes, & de celle de la Chapelle de Verſailles, qui ſont toutes du même genre.

ARTICLE IV.

De la diſpoſition des Egliſes en France, depuis la fin du ſiécle de Louis XIV, juſqu'à la conſtruction de Sainte Geneviève & de la Madelaine.

LA période que nous allons parcourir, qui n'embraſſe pas un ſiécle, & dans laquelle l'Europe n'offre d'édifices ſacrés, remarquables par leur ſingularité, que ceux qui ont été élevés en France, n'en eſt cependant pas moins digne de notre curioſité que les précédentes. Ce n'eſt pas le tableau général de la diſpoſition de toutes les Egliſes, peu varié par la ſimilitude du plus grand nombre de ces édifices, que nous préſentons ; celui que nous offrons, moins étendu, n'en devient que plus piquant ; nous continuons d'obſerver la ſuite des penſées nouvelles & heureuſes, que d'habiles Architectes ont eu ſur leur diſpoſition.

Depuis la fin du ſiécle de Louis XIV, la France ſemble ſe frayer une nouvelle route dans l'art de diſpoſer & d'orner leur intérieur. La Chapelle de Verſailles en a été le premier eſſai. Manſart, dans ſa partie inférieure, fit uſage de cette décoration froide & péſante des portiques qui, enrichis, font l'ordonnance de la plûpart des Egliſes modernes. Dans la partie ſupérieure, où le Roi, au milieu de toute ſa Cour, aſſiſte au Service Divin; il employa l'Architecture grecque dans toute ſa magnificence. Imiterons-nous l'une ou l'autre de ces décorations dans nos édifices ſacrés? La différence que l'Architecte célébre que nous venons de nommer mit entre leur uſage, nous montre comment il avoit décidé cette queſtion. Elle l'eſt encore, & par l'accueil qu'a reçu du Public un Livre (1) plein

(1) Un Livre : on ſent bien que je veux parler ici de celui de M. l'Abbé Laugier, il mérite ſans doute de très-grands éloges, quoiqu'il me paroiſſe qu'il contienne pluſieurs choſes qui ne ſemblent pas parfaitement d'accord avec les principes excellens que cet Auteur donne au commencement de cet Ouvrage. On a de la peine, par exemple, à concilier ce qu'il dit, de la ſimplicité qu'on doit rechercher dans l'Architecture, avec les colonnes accomplies qu'il ſuppoſe dans ſon Egliſe, & avec les deux ordres qu'il met l'un au-deſſus de l'autre; de maniere qu'on compteroit quatre colonnes depuis le pavé juſqu'à la voûte, qui deviendroient néceſſairement petites; au lieu qu'il n'en faudroit qu'une ſeule. Cette faute me paroît plus de la nature de celles qu'on peut re-

de vues grandes & saines sur l'Architecture, qui a pour but de faire adopter les colonades dans ces édifices, & par le choix très-applaudi que le Roi a fait des nouvelles Eglises composées sur le même systême.

Voici vraisemblablement l'origine de ce nouveau genre de décoration pour nos Eglises.

De la Chapelle de Versailles.

Avant la construction du Péristyle du Louvre, on n'avoit pas encore en France osé employer les ordres grecs avec autant de grandeur & de magnificence

procher à M. l'Abbé Laugier, que quelques autres qui lui sont échappées sur la construction, & qui sont bien excusables à un homme de Lettres. Il a paru aussi dans les Journaux de Trévoux des années 1758 & suivantes, sur les Temples des Anciens & nos Eglises, quelques Lettres très-détaillées & très-intéressantes, c'est ce qui m'a porté à ne dire de Sainte Sophie, dont elles traitent, que ce que j'en avois écrit avant qu'elles parussent dans le Discours sur l'Histoire de l'Architecture, qui est à la tête de mon Livre des ruines de la Grece, & qui contient en quelque sorte l'abregé d'une partie de celui-ci; & c'est aussi ce qui m'a déterminé à ne rapporter sur l'Histoire de Saint Pierre & de Sainte Marie des Fleurs, qui est détaillée dans ces Lettres, d'après Bonanny & d'autres Auteurs, que ce qui étoit absolument nécessaire au plan que je me suis tracé.

qu'on le fit dans cette façade. L'exécution qui en avoit été regardée comme impoſſible, mais qui n'empêcha pas Louis XIV, qui aimoit les grandes choſes, d'ordonner qu'on l'entreprît, réuſſit avec le plus grand ſuccès ; & la confiance que ce Prince avoit eue dans les reſſources que Perault trouveroit dans ſon génie, ne fut point trompée. Cette tentative heureuſe excita peut-être le génie ardent de Manſart, il voulut ſuivre, pour la décoration de l'intérieur de la Chapelle de Verſailles, une maniere toute différente de celle qu'il avoit priſe pour décorer le Dôme des Invalides ; il ſubſtitua dans l'intérieur de cette Chapelle, aux pilliers maſſifs & lourds des arcades, qu'on employoit ordinairement dans la décoration des Egliſes, de légeres & ſuperbes colonnes corinthiennes, & y appliqua la majeſtueuſe décoration que Perault avoit exécutée auparavant au frontiſpice du Louvre. Manſart même oſa encore plus que Pérault n'avoit oſé, & fit ſoutenir à ſes colonnes la retombée des voûtes très-hautes de ſa Chapelle, & le poids immenſe des combles qui les couvroient. Ce premier pas eſt ſans doute un grand effort de génie, mais il y avoit encore bien loin de l'art d'employer des colonnes dans une Chapelle très-étroite, dont le plan formoit à peu-près un paralellogramme, à celui de faire de ces colonnades, un ſyſtême général de décoration, applicable aux Egliſes les plus magnifiques, & ſuſceptible de s'allier même avec les coupoles qu'on voit à leur centre: c'eſt ce que deux Architectes habiles entreprennent de nos jours d'exécuter dans les deux nouvelles Egliſes qu'on conſtruit à Paris.

Des Egliſes de Sainte Genevieve & de la Madelaine.

Les plans de ces Egliſes ſont ſi répandus, que nous n'en donnerons pas ici une deſcription détaillée, nous nous bornerons ſeulement à expoſer comment les Architectes qui les bâtiſſent, paroiſſent avoir été conduits à leur donner la décoration que nous leur voyons, ce qu'elles ont de commun & qui les diſtingue des autres édifices ſacrés qui ont été conſtruits auparavant, les beautés qui nous paroiſſent devoir réſulter du ſpectacle nouveau qu'offrira leur intérieur, & les différences essentielles qu'elles ont entre elles.

Quelques réflexions sur l'origine & les progrès des Arts, suffisent pour faire connoître que les hommes réussissent avec le tems à tirer le plus grand parti de tout ce qui les environne. Les Egyptiens découvrent dans les montagnes qui bornent l'Egypte des carrieres immenses de Granit & de marbre, & ils parviennent avec le tems à en tirer des blocs d'une grandeur prodigieuse; les ruines de leurs édifices causent encore à cet égard la plus grande surprise aux voyageurs, ainsi que leurs Obélisques qui embélissent les Places de Rome.

Si les marbres que les Grecs trouvoient à Paros, dans le Mont Pentilique, & en d'autres lieux, ne formoient pas des masses énormes, leur pays leur offroit cependant assez de ressources pour qu'ils n'eussent pas besoin d'étudier beaucoup ce qu'on appelle en Architecture l'art du trait; & les Romains, par l'excellence du ciment qui leur servoit à former leurs voûtes, n'eurent pas besoin non plus de l'étudier à fond; enfin les recherches les plus profondes sur cet Art, étoient réservées aux Peuples du Nord : les Gots doivent à la petitesse des pierres qu'ils ont employées, & à la hardiesse qu'ils se sont efforcés de faire paroître dans leurs édifices, la gloire de l'avoir porté à un très-haut dégré de perfection. Ce mérite des édifices gotiques, peu apperçu à travers le mauvais qui regne en général dans toute leur Architecture, ne commence à être bien connu & bien développé, que depuis peu de tems : ce n'est que depuis quelques années qu'on s'attache à étudier tout le merveilleux de leurs constructions. Les voûtes des nefs de leurs Eglises sont plus élevées, & ont en général moins de poussé que les nôtres ; elles sont aussi beaucoup plus légeres ; celle de l'Eglise de Notre-Dame n'ayant pas plus de six pouces d'épaisseur, tandis que celle de la voûte de Saint Sulpice est presque trois fois plus considérable ; d'où il suit, que la grosseur des masses qui soutiennent une voûte, devant être, en raison de son poids & de sa poussée ; les voûtes gotiques ne demandent pas des piliers si gros pour les soutenir, que celles qui seroient construites sur le modele de nos Eglises modernes.

D'après cette obſervation générale, qui a été faite par les Architectes qui ont occaſion de bâtir à Paris les nouvelles Egliſes de Sainte Genevieve & de la Madelaine, & d'après les exemples qu'ils ont ſous les yeux dans le Périſtyle du Louvre & la Chapelle de Verſailles, de la grandeur des plattes-bandes qu'on peut exécuter avec ſûreté, ils ont formé un nouveau ſyſtême de décoations pour l'intérieur de nos édifices ſacrés.

En diminuant conſidérablement l'épaiſſeur qu'on avoit coutume de donner aux voûtes de nos Egliſes modernes, en calculant les efforts & les poids de celles qu'ils projettent d'exécuter, en faiſant les recherches les plus étendues, ſur les matieres les plus réſiſtantes & en même-temps les plus légeres, avec leſquels ils peuvent les conſtruire ; ils ont reconnu qu'ils pouvoient diminuer conſidérablement la groſſeur des piliers qui ſoutiennent les voûtes. Ils ont vu encore que le poids & la pouſſée de ces voûtes n'étant pas le même dans toutes les parties de l'égliſe, il ſuffiſoit qu'ils diſtribuaſſent, à leur centre ou à la croiſée de leurs nefs, quelques maſſifs pour en ſoutenir les plus grands efforts; & ils les ont fait aussi les plus petits qu'ils ont pu, & de la forme qui nuit le moins au dégagement de l'intérieur : enfin ayant formé les divisions générales de leurs églises par des files de colonnes, ils y exécutent dans toute leur étendue, les ordres Grecs avec une très-grande magnificence.

Si ces ordres sont employés avec plus d'art, dans les deux nouvelles Eglises, qu'on ne l'avoit fait jusqu'à présent, il faut avouer cependant que ce n'est pas la premiere fois qu'on les voit paroître dans les édifices ; les plus grands Temples des Anciens étoient ornés de colonnades en dedans, & c'étoient aussi des files de colonnes qui formoient les grandes divisions dans l'intérieur des Basiliques ; mais la maniere dont ces colonnades étoient employées, mérite qu'on y fasse la plus grande attention. La plûpart des grands Temples des Anciens où il y avoit des colonnes, étoient découverts, & ces colonnades intérieures n'offroient pas plus de difficulté à exécuter, que les péristyles qui en ornoient les dehors ; si d'une autre part nous examinons les plus anciennes Basiliques chrétiennes, ou celles qu'on voit encore à

Rome

Rome, on y remarque que les files de colonnes qui en formoient les divisions générales, avoient de grands murs droits qui s'élevoient perpendiculairement de dessus leur entablement, & qui portant des plafonds quarrés de la maniere la plus naturelle, n'avoient point à soutenir les efforts d'une voûte. Enfin dans les Temples, ou les Basiliques des Anciens, où on a fait porter des voûtes sur des files de colonnes, ces voûtes étoient peu considérables, & ne présentoient en général, comme la Chapelle de Versailles, qu'un berceau terminé par un cul-de-four.

La difficulté en effet d'employer les colonnes d'une maniere très-générale dans les Eglises, paroît si grande, qu'Anthemius, pour mettre Sainte Sophie à l'abri des incendies, ayant été forcé d'y supprimer les piéces de bois des plafonds en usage dans les premieres Basiliques chrétiennes, y supprima aussi les grandes files de colonnes qui formoient les divisions de leur intérieur; & obligé de chercher pour les voûtes qui couvroient son édifice, des appuis plus considérables, il n'y mit de colonnes que celles qu'il put placer entre les grands maſſifs qu'il fut contraint d'y conſtruire. Bramente mit auſſi des colonnes dans le projet qu'il fit pour Saint Pierre ; mais ces colonnes qui terminoient trois des bras de la croix de ſon Egliſe, étoient placées de même entre des maſſifs. Ajoutons qu'on n'en voit aucunes iſolées dans l'Egliſe de Saint Paul de Londres, & que celles qu'on remarque dans le Dôme des Invalides, y ſont peu eſſentielles, & ne ſervent qu'à la décoration. Enfin la forme de croix qui s'eſt établie & perfectionnée peu à peu dans les édifices ſacrés, les maſſifs néceſſaires pour ſoutenir les Dômes qui ſont à leur centre, ſembloit par l'impoſſibilité apparente d'y conſerver toutes ces choſes, en y employant les colonnes, les avoir pour jamais bannis de nos édifices. Nous allons les y voir reparoître, & nous oſons préſager la réuſſite de l'effet général qu'elles y produiront. Nous ne répéterons pas pour appuyer notre ſentiment, ce que nous avons déja dit de la beauté qui naît de l'emploi des périſtyles en général ; nous nous contenterons d'y renvoyer, mais nous ajouterons ici quelques réflexions nouvelles ſur ce ſujet.

De tous les corps iſolés qu'on peut employer en architecture, pour former des décorations, les colonnes ſont ceux qui avec la même ſolidité & la même diſtance entre eux, laiſſent dans tous les aſpects le plus d'échapée à la vue. Qu'on ſuppoſe par exemple, qu'une nef ait un de ſes côtés formé par des pilaſtres iſolés, & l'autre par des colonnes auſſi iſolées, & que les entre-pilaſtres & les entre-colonnes ſoient égaux, ſi on ſe place d'abord en face d'un entre-colonne & enſuite vis-à-vis d'un entre-pilaſtre, on découvrira à peu près autant d'objets entre les pilaſtres qu'entre les colonnes; mais ſi on ſuppoſe que ſe plaçant dans le milieu de la nef, on obſerve à droite ou à gauche la file de pilaſtre, ou la file de colonnes, le dernier cas différera beaucoup du premier; les entre-colonnes & les entre-pilaſtres, diminueront naturellement par une ſuite de la poſition du Spectateur qui les voit de côté; mais de plus, comme les pilaſtres préſenteront leurs diagonales au Spectateur, au lieu d'offrir leurs faces, leurs intervales diminueront dans un bien plus grand rapport que ceux des colonnes, & dans le cas préciſément où il ſeroit à desirer qu'ils augmentassent, pour laisser plus d'échapées à la vue. Ce que nous venons de dire par rapport aux pilastres, subsiste de même par rapport aux pieds droits des arcades.

On voit par ce paralelle du percé, qui résulte de différens corps isolés, qu'on peut employer dans la décoration des nefs, que les colonnes, les plus agréables de ces corps par leurs formes, sont aussi les plus avantageuses pour les perces qu'elles produisent, & d'où résulte une des plus grandes beautés que l'Architecture puisse nous offrir. Si ce que nous avons dit de la variété qui en résulte dans les intérieurs, si l'effet heureux que font les piliers ronds & mal décorés de quelques Eglises gotiques, ne pouvoient pas nous en donner une idée ; tâchons de nous la former d'après un superbe péristyle qu'on voit à Paris : promenons-nous le long du Portail de Saint Sulpice, entre cette façade & l'édifice qui en borne la vue, & par conséquent aussi près des files de colonnes qui la forment, qu'on le sera de celles qui ornent les intérieurs de Sainte Genevieve & de la Magdelaine ; quelle magnificence ne présentera pas le dessous de ce péristyle, quand on verra à travers les intervalles que laissent entr'elles les colonnes; les niches, les bas-reliefs, les plafonds qui le décorent; & quand on verra à chaque pas qu'on fera, cette décoration se mouvoir en quelque sorte, & produire une infinité de tableaux très-variés & très-agréables.

Ce tableau n'est que l'image foible de celui que nous offrira l'intérieur des deux Eglises dont nous parlons; on voit sur leurs plans, que le Spectateur découvrira tout leur intérieur à la fois, dans quelque lieu qu'on suppose qu'il soit situé, & que les colonnes, à chaque pas qu'il fera, couvriront successivement différens espaces de la décoration de l'Eglise. Ce changement de tableau se fera non-seulement par rapport aux colonnes qui seront très-près du Spectateur, mais même par rapport à toutes celles qu'il appercevra; & si la lumiere anime la décoration intérieure de ces Edifices, j'ose dire qu'il en résultera un spectacle enchanteur, dont nous ne pouvons nous former que de foibles idées.

Les colonnes du frontispice de cette

Eglise, qui doivent monter depuis le pavé jusqu'à leurs combles, nous paroissent devoir faire encore un effet heureux dans l'exécution ; & cet effet qu'on voit dans la plûpart des Temples antiques, est si connu, que les plus célebres Architectes modernes ont tâché de le produire dans leurs ouvrages. Michel Ange, le plus grand des Artistes de la Nation, à qui nous devons la renaissance des Arts, avoit mis dans le plan qu'il avoit fait pour saint Pierre de Rome, quatorze colonnes très-colossales & formant peristyle, au portail qui devoit y être fait sur ces desseins.

Après avoir rapporté les avantages que les nouvelles Eglises paroissent avoir en commun, en ce qui regarde la décoration générale de leur intérieur, & en quoi elles se rapprochent par leur disposition ; l'ordre que nous avons suivi dans cet ouvrage, nous oblige en quelque sorte de faire sentir les différences qui sont entre elles. Les plus générales sont celles-ci ; l'Eglise de sainte Genevieve forme une Croix grecque par son plan, & celle de la Magdelaine forme une Croix latine. La partie du milieu de la premiere eſt la plus vaſte de tout l'intérieur ; & celle de la Magdelaine ne conſerve que la largeur de la nef : mais auſſi elle eſt environnée d'un vuide aſſez conſidérable, & conſacrée uniquement à faire dans cette Egliſe l'Office du Baldaquin. Les quatre bras de la Croix grecque de ſainte Genévieve, ſeront couverts par quatre coupoles inférieures à celles du milieu, & qui embelliront beaucoup ſa voûte ; la Magdelaine qui n'en aura pas de ſemblables, aura huit grands arcs qui couvriront la partie qui tourne autour du Sanctuaire de cette Egliſe. L'avant corps du Portail de la Magdelaine n'aura que quatre colonnes qui n'occuperont que la largeur de la nef ; celui de ſainte Genevieve en aura ſix qui embraſſeront la largeur de tout le corps de l'Egliſe.

Ces différences, plus conſidérables qu'on ne devoit naturellement l'attendre dans deux Egliſes compoſées ſur le même ſyſtême, & dont l'une n'a été commencée que peu d'années après l'autre, y produiront peut-être des effets qui nous ſurprendront d'autant plus qu'ils ſeront nouveaux pour nous ; & ces effets peut-être y ſeront plus heureux, ou moins agréables.

Je ne hasarderai pas de porter aucun jugement en faveur de l'une ou l'autre de ces Eglises avant qu'elles soient exécutées. C'est au Public à prononcer entre deux Artistes qui ont obtenu son estime ; mais je ne craindrai point de dire qu'elles me semblent dignes de toute son attention. Si le systême qu'on y suit d'employer les colonnes de la maniere la plus générale dans les Eglises, réussit, comme tout semble le faire présumer, elles pourroient donner à notre Nation un rang assez considérable entre celles qui ont excellé dans l'Architecture. En effet, aucun Prince vraisemblablement n'entreprendra de faire une Eglise qui surpasse par son immensité celle de S. Pierre de Rome ; mais il n'est peut-être pas impossible d'en imaginer quelques-unes qui lui soient supérieures par leur disposition, ou par le genre de leur décoration. Les Grecs n'ont employé que cette voie pour se distinguer des Peuples qui les avoient précédés dans la connoissance des Arts. Ils n'ont pas donné en général autant d'étendue que les Egyptiens à leurs Edifices. Cependant la disposition & la décoration des Temples des Grecs, ont été trouvées si heureuses

heureuſes par les Romains qu'ils les ont imités ; & les ornemens qui les décoroient, ſont encore reproduits dans nos Edifices : ceux de l'Egypte au contraire, & leurs ornemens, ſont à peine vus par un petit nombre de Curieux dans les Livres rares de quelques Voyageurs.

L'occaſion favorable, dans ce moment où le Roi donne une marque ſignalée de la protection qu'il accorde à l'Architecture, n'eſt pas le ſeul motif qui m'a déterminé à parler de ſainte Genevieve & de la Magdelaine ; j'aurois ſans doute gardé le ſilence ſi j'en avois penſé d'une maniere peu avantageuſe ; mais je n'ai pu réſiſter à l'envie de donner à deux de mes Confreres, un témoignage public des raiſons qui me portent à concevoir la plus grande eſpérance de la réuſſite de ces deux Egliſes.

FIN.

APPROBATION.

J'AI examiné par ordre de Monseigneur le Vice-Chancelier un Manuscrit intitulé : *Histoire de la Disposition & des Formes différentes qu'on a données aux Temples depuis Constantin le Grand jusqu'à nous ;* & je crois que le Public verra cet Ouvrage avec plaisir. A Paris, ce 11 Août 1764. DEPARCIEUX.

ERRATA.

PAGE 4, ligne 16, *des Temples ronds*, lisez *de Temples ronds.*

Page 6, ligne 23, *nous éviterons*, lisez *nous évitera.*

Page 8, ligne 22, *ils firent*, lisez *ils furent.*

Page 13, 14, 15 & 16, tout ce qui est marqué avec des guillemets, est tiré de mon livre des Ruines de la Grece.

Page 43, en note, *qui pouvoient les endommager*, lisez *pouvoient les endommager.*

Page 48, derniere ligne, *avoient-ils*, lisez *auroient-ils.*

Page 60, ligne 6, *interales*, lisez *intervalles.*

Page 61, ligne 24, *intérieures*, lisez *intérieurs.*

Page 63, ligne 22 & ailleurs, *pilliers*, lisez *piliers.*

Page 65, ligne 2, *connoître*, lisez *commettre.*

Page 67, ligne 26, *aidé*, lisez *aidée.*

Page 73, en note, ligne 9, *les colonnes accomplies*, lisez *les colonnes accouplées.*

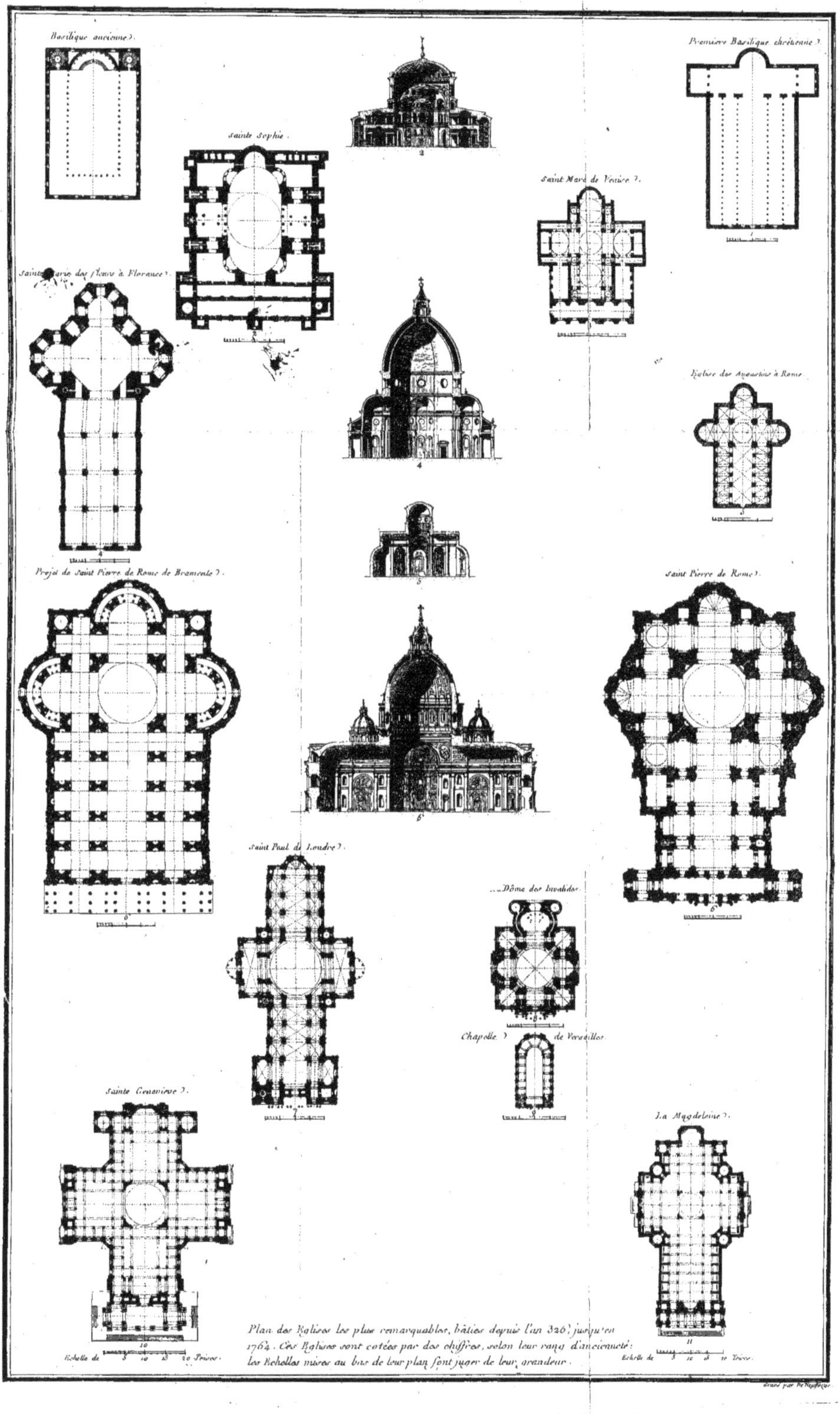

Plan des Eglises les plus remarquables, bâties depuis l'an 326, jusqu'en 1764. Ces Eglises sont cotées par des chiffres, selon leur rang d'ancienneté: les Echelles mises au bas de leur plan font juger de leur grandeur.

www.ingramcontent.com/pod-product-compliance
Ingram Content Group UK Ltd.
Pitfield, Milton Keynes, MK11 3LW, UK
UKHW031924260826
14628UKWH00003B/1396

9 782014 444728